佐々木かをりの手帳術

イー・ウーマン代表取締役社長
佐々木かをり

日本能率協会マネジメントセンター

はじめに

時間管理に、今、多くの人が関心を寄せている。たくさんの本も出ている。私自身、あるきっかけをいただき二〇〇三年十二月に『ミリオネーゼの手帳術』（ディスカヴァー）という本を書かせていただいた。

二社の社長であり、二児の母であり、講演、執筆、テレビ、また政府の委員などもさせていただく私が、どのように時間を管理しているか、それを取材される機会が多かったことから、私自身の時間管理法をまとめたのだ。

嬉しいことに想像以上に多くの方が読んでくださり、今でもほぼ毎日、読者からメールをいただく。

「こんなに、わかりやすく丁寧に書かれた本に出合ったのははじめてです。私でも、できそうだと思い、これから始めようと思っています」

「明快な理由づけや実践例のもと、すばらしく整理されており、読み終わって感動とともにスッキリ感で満たされました。そして、やる気がわいてきました」

「実践してみたら、毎日が充実してきました」
「生活がガラリと変わり、毎日が有意義になりました」

本当に嬉しい限りだが、驚いたのは、「佐々木さんの使っている手帳を使いたい」という問い合わせが山ほど届いたことだ。想像もしていなかった。

『ミリオネーゼの手帳術』は時間管理の考え方を書いたもので、その方法として自分の使っていた手帳を事例に説明したが、特定の手帳を紹介もしていないし、手帳を販売する考えはまったくなかった。

しかし、多くの問い合わせに対応することになり、結果的には、私が長年使っている手帳を二〇〇五年版よりフランスから輸入し、「アクションプランナー」（行動計画表）と名づけて、イー・ウーマンのサイト（www.ewoman.co.jp）で発売することになった。

同時に、時間管理への注目度は高まり、時間管理に関しての講演、研修も多くご依頼いただくようになった。研修、講演ではさまざまな立場の方々から多様な質問を受け、時間管理のどんな点に多くの人が疑問を感じているのかもわかった。チームで仕事をしている人たちの質問、経営者からの質問、事務職、営業職、大学生、子育て中の主婦などから具体的な質問をいただき、そのつど直接お答えしてきた。

今回、時間管理と手帳術について、二冊目の本を出版することになり、考えた。時間管理と手帳術に関して私が書く第二弾ということだが、私という個人の時間管理の方法に、この一年少しの間で大きな変化があったわけではない。『ミリオネーゼの手帳術』をすでにお読みになった方にとっては、時間管理や手帳の使い方を説明するうえで、その基本部分には変化がなく、事例的にも多くが重複しているだろうことをご理解いただきたい。


それでは、なぜ時間管理・手帳術について、二冊目の本を出版させていただくかというと、三つの新しいポイントがある。ひとつは『ミリオネーゼの手帳術』発売後の多くの講演、研修で受けた質問だ。多くの人が時間管理や手帳術で、どんなつまずきがあるのかが見えてきた。本書ではそのあたりの質問に答える内容も含めて、できるだけ説明を詳しくすることを心がけた。

二つ目のポイントは、具体的な手帳の書き方・使い方。二〇〇六年版から手帳を二種類発売させていただいている。私が長年使っている手帳は、先述したとおり、フランスから輸入し、佐々木のオリジナル手帳として何箇所か使いやすく改良し、日本の祝日などを入れ、イー・ウーマンから販売している。本書では、そのこだわりの改良点とその理由、コンセプトなども述べさせていただこうと思う。

この「アクションプランナー」は、二〇〇六年版が欲しいというお問い合わせが、二〇〇五年六月までに二五〇〇通を超え、二〇〇五年七月二十日発売当日に一〇〇〇冊以上、その後も毎日たくさんの方が購入されている人気商品となっている。

また、「アクションプランナー」のコンセプトを活かし、もっと広く販売したいと申し出てくださった手帳の老舗、日本能率協会マネジメントセンターからは、能率手帳の情報ページノウハウなども活かし、日本国内で使いやすいように電車の路線図なども掲載され、佐々木の監修で二〇〇六年版から「タイムデザイナー」という名称で新たに製作された。こちらは、大きさもＡ５サイズとＢ６サイズの二種類がある。

このように私が推奨する手帳を実際に手にしていただくことが可能となった今、本書では具体的な手帳の使い方も、しっかりと説明していきたいと考えている。

三つ目のポイントは、時間管理について、重要な二つのスキルを総合的に述べてみたことだ。時間を有効に使い、毎日の満足度を高めるためには、「手帳などを活用した時間管理術」と「一定時間での仕事能力を高める生産スキル」の二つの力が必要である。手帳の使い方にとどまらず、仕事の仕方や、論理的思考、決断のスピード、大きな夢の実現の仕方など、生産性アップに関することも述べた。

私は人生をハッピーにするために時間管理をしている。

本書は、ビジネスマン、ビジネスウーマン、経営者、学生、主婦、リタイアされ第二の人生、第三の人生を楽しもうとされている方、ＮＰＯなどで活動されている方、公務員、教職員など、すべての方に、ぜひ読んでいただきたいと思っている。

そして、より多くの人が、時間管理とは何かを体感し、私が一五年以上にわたり実践し、工夫を重ねてきたカンタンな時間管理術で手帳を上手に活用し、ハッピーで成果の多い毎日を過ごしていただけるようになったらとても嬉しい。

佐々木　かをり

●佐々木かをりの手帳術――アクションプラン時間管理で人生がハッピーになる!●目次●

第3章 行動のタイムマネジメント——手帳術

第4章 思考のタイムマネジメント——仕事術

第5章 夢をかなえるカンタン計画法

第1章

手帳は「人生の脚本」だ！

人生という時間の一年分が手帳

手帳は、私にとって、まだ白紙の人生脚本だと思っている。

ちょっと想像して欲しい。目を閉じて、今この瞬間から、自分が死んでいくその時までの時間の道のりを想像してもらいたい。

それは明日終わるかもしれないし、数十年の時間かもしれないが、自分の人生という「時の連続」がずっと先までつながっている。時間は目に見えないというが、それを目に見えるように、白い紙に表現してみる。今この瞬間から終点まで、時間の流れが長い白い紙の巻物としてずっと先までつながっているのだ。

近づいて紙をよく見てみると、この白い巻物には、時間のメモリがつけてある。「1」「2」「3」……。今日の日付が終わると、また、翌日は「0」から始まっている。ずっとずっと、今月が終わっても翌月に、そして来年に、再来年にと長く長く人生という時間がひとつの巻物になって続いている。

この人生の時を刻んだ真っ白な巻物が、一週間分ずつに裁断され、一年間分がまとめられて製本されたものが、私たちが手にしている一年ごとの手帳だ、と考えてみよう。**手帳は、まさに、これからの人生の下書きをしていく、計画を立てていく、脚本を書いていくためのものなのだ**。

時間は目に見えないが、それを見えるようにしたのが、人生という時間の巻物であり、それを見やすく、使いやすくしたものが手帳なのだ。

そう考えると、まだ何も書かれていない真っ白な手帳は、知人と会うなどのアポイントメントを記録するだけのスケジュール帳という概念を超えて、自分の人生の歩みを記録するものだと理解できる。自分の将来の行動を計画し、書きとめていくための手帳が、まだ真っ白な状態だということは、自分の未来はいかなる可能性もありえるのだというワクワクした気持ちになってくる。

すでに発生した出来事を記録していくのが日記であるとすると、**これから先の行動を計画していくのが、人生脚本――手帳である**。

脚本と聞くと、映画や舞台を想像するだろう。俳優たちには、映画や舞台を演じる時に脚本が手渡される。その脚本には、その映画全体の筋、場面展開の説明、それぞれの俳優が話すセリフなどが書かれている。脚本家が脚本を書き、俳優は与えられた役を演じる。セリフを覚え、演技をし、ストーリーを展開する。

もちろん、私たちの人生は、映画や舞台とは違う。しかし、人生にも脚本があるとすると、それはどんなものだろうか？　与えられた脚本に、自分の行動やセリフが書いてあり、それを覚えて、読んで、演技する毎日を送ってはいない。

俳優たちは、台本をもらってから、何度も何度も稽古を重ね、本番にのぞむ。しかし、私たちの人生は違う。**毎日が本番だ**。時には即興劇のように、その場で発案し、対応しなくてはならない。失敗しても、「やり直し！」と誰かが叫んで、最初からやり直せるわけではない。時が進んでいく中で、失敗を取り戻していくことになる。当然、同じシーンを何度も練習することもない。

私たちは、ぶっつけ本番の人生を毎日送っていることになる。そう考えると、より満足度の高い日々を過ごすためには、やはり、人生脚本が必要なのではないかと思う。

時間を能動的に捉えて、自分のやりたいこと、夢や目標などを、自分の人生の時間の中に先に組み入れてから、進んでいくというプロセスだと、即興劇を繰り返し、なんだかわからない間に一日が終わったなどということが減るのではないだろうか。

つまり、**毎日の幸福度を上げるためには、人生脚本の執筆が大切になるのだ。**

人生脚本とはアクションプラン《行動計画》だ

ある朝寝坊して、自分のやりたいことが半分もできなかった時、「あ〜あ、寝坊しちゃった」と頭をかき、「今日は何もできなかったなあ」と思うだろう。その時、それが自分の人生と大きな関係があるようには思わないかもしれない。その日一日のことだけだと考えたい。しかし、人生とは、毎日の積み重ね。だから、「それが、あなたの人生です」ということになる。

「今週もまた、あの仕事が終わらなかった」とか、「温泉に行きたいんだけどなあ。また、今週末も行けないなあ」「忙しくて夏休みをとり損ねちゃったなあ」などといっている人たち。こうした人たちも「それが、あなたの人生です」である。

日常生活を送っている中で、毎日の出来事や感情と、自分の人生全体の満足度や夢の実現とはあまり関係がないと思っている人もいるようだが、そうではない。**今度の休みに出かける計画を立てられずに休み損ねた人は、夢の実現だって、いつになるかわからない。**「そんなのはイヤだ！」という人には、私が使っている手帳を使った時間管理術を、ぜひぜひ試して欲しいと思う。実にカンタンだから。

毎日が充実してこそ、いい人生となる。**人生とは、自分が何を考え、何を計画し、どんな風にそれを毎日の行動で実践し、成果をつくり出すか、ということの連続だ。**この連続する計画と行動のためにも、人生脚本を書くことをおすすめする。

脚本、脚本といい続けているが、映画などの脚本と手帳には大きく違う点がある。それは、セリフや演技を中心に書かれた脚本とは違い、手帳には時間メモリがついていることだ。セリフを覚える必要がある脚本は、原稿用紙のように、言葉を中心に書かれている。

一方、私たちの手元にある人生脚本――手帳には、時間のメモリがついている。今何をするのか、次の時間には何をするのか、明日は何をするのか、あさっては何か、来週は……、来月は……、と時の流れに沿って、自分の行動計画が書かれている脚本なのだ。

その場その場の即興劇でつないでいかなくてもいいように、事前に、自分の行動計画を立てるということだ。

即興はおもしろいし、実は、生産性を上げる力、仕事力としては、即興力や対応力がとても大切だ。だが、毎日の行動計画がなく、すべての行動が即興では、達成感も、満足感も、なかなか得られないだろう。

たとえば、英語の専門学校に入学してみたら、カリキュラムが一切なく、発音指導なのか、会話なのか、ヒアリングなのか、次にやる授業がわからない。どの教室に移動するのかもわからないし、すべての教科書を持っていかなくてはならないし、予習もできない。もし、こんな風だったら、満足度は低いだろう。

やはり時間割があって、必要な教材がわかり、移動する教室番号が明確だと、行動もスムーズにできるし、一定の時間内での生産性、ここでは学習効果が上がるわけだ。

しかし、私たちの多くが、自分の毎日の計画を立てていない。「計画力」がないのだ。

人生脚本は、自分の満足度を高めるために書く、と私は考えている。

どんどんと流れていく時間の中で、どれだけ自分にとって最高の体験をし続けられるのかに挑戦しているわけだから、「いつ」行動するのかを具体的にするために、時間のメモリが書かれている手帳に記入していく。

行動計画＝人生脚本。

先ほどイメージした、人生の長い、長い、真っ白い巻物。時を刻むメモリが書いてある、その紙こそが、私たちの、まだ白紙の人生脚本であり、行動計画表なのである。

人生脚本を書くというのは、自分のこれからの毎日の「行動計画を立てる」ということ。とても能動的な、積極的な行動なので、その技術を学ぶ前に、「計画を立てたい！」とか「計画どおりに実行したい！」「毎日を達成感のある日々にしたい！」と心の奥からわき出る意欲が必要となる。どんなことでもそうだが、**自分の体の中から、わき出てくるような欲求があってこそ、人は成果をつくり出すことができる。**

長期と短期、人生脚本の二つの役割

人生脚本には、二つの役割がある。ひとつは長い人生の中で実現したい夢、数十年という長い人生全体のストーリーを頭に入れて、二十代はこんなことをしていたい、三十代では、こんな仕事をしていたい、四十代ではこんな生活、五十代ではこう。六十代、七十代、八十代では……、と自分の人生の流れを考えての脚本づくり。もうひとつは、一日、一週間、一カ月、一年といった、手元の手帳でプランできる一年以内の短い時間軸の中で自分の行動を具体的に決めていくという脚本。計画したとおりに行動し、実際に毎日成果を出していこうというものである。

本書では、この両方を実現する方法を述べたいと思う。

「人生」という言葉で表現される自分の一生も、構成要素は一日であり、一時間であり、今この本を読んでいるこの瞬間の連続のことだ。

したがって、自分の人生を満足いくものにするために、今、目の前の「時」を認識し、その「時」の使い方を決定しているのが自分であると意識できたなら、時間を有益に使うことができるようになる。それが、人生が上手くいくことにつながると思う。

そして、重要なことは夢を持っていること。人生のビジョンをいくつか明確に持っていることが大切だ。

たとえば、「この一年で英語を二〇点くらいアップして、五年後には海外で楽しく働いている」とか、「今年中に来年度の企画書をまとめて、年明けから売り上げアップの実績をつくり、給料も上げて、休みに長期海外旅行に行こう」とか、「毎週スポーツジムに通って二時間運動をして、来年の夏までに引き締まったカラダにしよう」とか、「三五歳までに結婚、四二歳までに二人の子どもを持ち、四五歳までに一軒家、五〇歳までに海外に別荘を持ち、五五歳でリタイア」などといったさまざまな自分の理想とする人生を実際に思い描くことが大切だ。

少し先の期日に向かって行動計画を立てていくため、そして、毎日毎日の生活での目標を必ず達成していくため。

こうした夢や理想を、そのまま終わらせることなく、実現させていくカンタンな方法が、これからご紹介する人生脚本の書き方――行動計画、手帳術なのだ。

人生の主役は誰？

私たちの人生脚本とは、具体的にはどんなものだろう。まず、人生が誰のものなのか、という大切なポイントを確認したい。

自分の人生の主役は誰か？

——自分である。

では、自分の人生の脚本家は誰か？

——これも、自分である。自分でどんな風にも脚本を書くことができる。どこで暮らすのか、どんな仕事をするのか、どんな気持ちになるのか、どんなことを学ぶのか。すべて脚本家が決めて、ストーリーを展開していくことができるのだ。

それでは、誰がキャスティングをしているのか？

——自分である。第一幕での登場人物。第二幕での登場人物など、自分の人生に登場してくる脇役を決めることができる。

では、演出家はどうだろう？

――自分である。時にメンターなどの影響を受けて行動を変えたり、考え方や対応方法を変えたりすることがあるかもしれないが、最後の決定権は自分にある。したがって、演出家も自分なのだ。

これを読んで「そんなことはない。私の人生の一部は、あの人に影響されている」と思った人がいるかもしれない。だが、「その人に影響されている」という状態をつくっているのは、自分なのである。その人と一緒にいること、その人から「影響を受けている」と感じること、それ自体が、自分自身の選択でもある。

自分の人生は自分のものだ、自分が主役なのだ、自分の意志で人生をつくることができるのだ、としっかり認識できるとワクワクしてくる。

今、自分の手元にある手帳を見てみよう。来月のページ、再来月のページ、来年のページ。まだまだ真っ白のページがあるはずだ。そこは、人生脚本を自由に展開できる白紙のページなのだ。脚本家である自分自身が、今この瞬間から、人生というストーリーを好きなように展開させることができる時間。

自分のこれからの時間は、自分が計画を立て、管理できることを本当に心の奥底で実感し、前向きに時間に取り組んで計画を立てていくことができることが大切である。

自分の人生は自分のものだと感じ、能動的に堂々と行動していく力、ワクワクしながら行動していく力を「主役力」という。英語のownership（オーナーシップ）とも似ているだろうか。

オーナーシップとは、自分の持ち物であると認識し、自分が持ち主（オーナー）だと感じ、行動する力である。オーナーはすべての決定権を持っているからこそ、責任もとる。自分の時間は自分のもので、自分が時間の持ち主（オーナー）だというこことがわかると、時間を有効に活用していこうという気持ちになってくる。**自分次第で、いかようにもできるのだということを実感している力が「主役力」だ。**

「主役力」をつける

そうか、手帳を活用するというのは、人生脚本を書いていくことなのか、とわかったら、次に大切になるのが、この「主役力」だ。

映画や舞台を見ていても、主役には主役の存在感がある。堂々としているし、

「この舞台は私のものだ」という意気込みも感じられる。自分の演技ひとつで、このドラマが成功にも失敗にもなりえることも知っている。主役を演じる人の持つオーラ、責任感。それらが、私たち一人ひとりの人生にも大切なのだ。

舞台の大きさや劇場の大きさは関係ない。他人と比較する必要もまったくない。オンリーワン、自分らしい、自分の大きさの、自分にとって幸せな人生を送ることが、重要なのだ。

お金があっても、地位があっても、忙しく華やかにしていても、幸せとは限らない。だから、他人と比較することには意味がない。

人生脚本のいいところは、劇場で公開される映画と違って、観客も自分一人だということだ。その人生の批評家も、自分一人。だから、どんな脚本でもいい。

自分が満足のいく人生をつくる、というのが人生脚本を書く目的だ。自分にとって価値のある人生であること、自分にとって満足いく人生であることが一番大切なのだ。

自分の人生でこの「主役力」を発揮していくと、自分の人生に起こっているほとんどすべての出来事の源が「自分」であることに気づく。自分の行動ひとつで、何でも変革できると考えられるようになる。前向きに、積極的に、自分を信じて行動するようになる。主役力を発揮して人生を歩んでいくと、主役力がどんどん高まる。そして、毎日の生活が豊かになっていくのである。

この主役力を身につけていたら、大概の課題は解決策を見つけることができる。自分の力で何とか工夫して解決できると信じて行動することで、結果がついてくるのだ。間違ってはいけないが、主役力とは傲慢、わがまま、利己的とは違う。あくまで、自分の行動や体験に前向きであり、能動的であり、責任を持つことができる心の持ちようなのである。

この主役力も含め、自己改革・自己成長を身につけたい人は、外側から訓練で体得していこう。本当に自分が自己改革・自己成長したいと考えていることが必須条件だが、その意志さえあれば、さまざまな練習法で自己を変革・成長できる。

人生の主役は、自分である。「私の人生は上司が決めている」「私の毎日は夫に振り回されている」などと思っている人は、視点の置き方を変える必要がある。「上司のいうことをやっていればいいじゃないか」「夫のいうことを聞いていよう」と決めたのはあなたなのだから。

上司のいうことを聞く毎日と、上司と討論を重ねていく毎日とを無意識の中で比較し、上司のいうことを聞く毎日を、あなたは選択したのかもしれない。夫のいうことを聞く毎日と、夫と話し合い、問題に直面していく毎日とを比較して、夫のいうことを聞く毎日を選んだのかもしれない。

意識していなくても、無意識という人間のすばらしい能力の中で、私たちは常にさまざまなことを高速スピードで比較し、選択している。**ひとつひとつの選択を、無意識のレベルから、意識のレベルに上げることができたら、主役力をもっともっと高めることができる。**

主役がハッピーになる脚本を書く

もしもあなたの過去の人生脚本の中で、たとえば第三幕の中で、誰かに影響を受けている自分の脚本を書いてしまい、それを演じて（行動して）いたとする。第三幕では、主役が悩み苦しむシーンが多く、挫折したりしたとしよう。でも、それも自分が書いた脚本だと考えてみたらどうだろう。少しは、気楽になるのでないだろうか。人生の中で、ピリリとする章を一章つくった「だけ」なのかもしれないし。

そう考えてみると、「そうか。次の章では、展開を変えればいいのか」ということがわかる。脚本家なのだから自由に展開していこう。これまでに影響力のある人が登場していたとしても、その人たちも、しょせん「脇役」。**あなたの人生では、常にあなたが主役なのである。**

あなたの人生は、あなたが主役であり、他の誰も、あなたの人生の主役を演じることはできない。だから、**主役がハッピーになるために、もっと能動的に、幸せになる行動計画を立てていけばいいのだ。**ここで大切なのは、「主役力」とは他人との人間関係においての主役・脇役とは関係ないこと。自分自身の人生をつくっていく時に「時間」や「計画」に牛耳られることなく、自分が主たる決定権者であることを認識し続けて欲しいという意味である。

人生脚本の主役が自分であることがわかった今、もう少し意識を広げてみると、素晴らしい事実がわかってくる。それは、脚本家でもある私たちは、自分の行動計画を、「事前に」計画できるということだ。

計画を立てていないと、行き当たりばったりのシーン展開が多くなる。俳優ならば、うまくストーリーが展開するように適当なセリフが交わされていく。これでは、いい人生脚本、ハッピーな人生脚本にはならない。

私たちは、**自分の人生脚本に、自分が、いつ、何をするかという行動計画を立てていく**。計画をして、そのとおりに行動する。また計画をして、行動する。この連続が、人生を組み立てていくことなのだ。そして、これを繰り返し繰り返し続けることで、**自分の人生は自分でつくり出すことが可能である**ことを体感できる。結果的に、自分の主役力を高めることにもなる。

自分の人生は自分次第でどうにでもなる、ということがカラダ全体でわかると、物事を前向きに捉えられ、自分の力で何かができるような気持ちになる。実際に、行動的、積極的になり、自分の人生で思ったような主役を演じることができるようになる。

主役としての箔《はく》がつき、自信もつく。相乗効果で成果の生まれる人生がつくれるようになる。それが、主役力なのである。

手帳は、こうした人生の脚本を書くための道具。行動計画を書いていくためのツールなのだ。今手元にある、未使用の真っ白な人生脚本を活用して、成果のあるハッピーな人生脚本を書いていこう。

カンタン「幸せの方程式」

この章の最後に、基本的なことを確認しておきたい。

私たちはなぜ時間管理をするのか？

どうして手帳の上手な使い方を身につけたいのだろうか？

目的を明確にしないで時間管理の方法や手帳の使い方を学ぶより、目的を明確にして学んだほうが、確実に成果が出る。したがって、時間管理を自分が習得したい目的を明確にしておくことは、とても大切なことだ。

二〇〇五年秋、はじめて「アクションプランナー」を販売して以来、イー・ウーマンユニバーシティ講座にて、定期的にその使い方も含めた「時間管理講座」を開いている。毎回、一〇〇名以上の参加希望が全国各地から寄せられる。

私はまず、集まった熱心な参加者に「なぜ時間管理を学びたいのですか」と問いかけた。多くの人の答えが、「もっと時間を有効に使えると思うから」「やりたいことがうまく終わらないので、終わらせることができるようになりたいから」「仕事と家庭のことをどのように時間に組み入れてよいかがわからないから」などというものだった。

私は、それらの発言を聞いたうえで、さらに、なぜ？ と問いかけた。

私の場合、**時間管理をする目的は「ハッピーになるため」**。時間管理ができると、思ったことを、きちんと計画どおりに終わらせることができる。決めたことができると気持ちがいい。それが毎日続くと幸せになる。

別に、その日に五件の仕事を終わらせようと、一〇件だろうと、どちらでもかまわない。たった一件でもいい。**大切なのは計画していたことが終わったのかどうか、また充実感のある毎日を送ることができたのかどうかだ。**

「忙しくて幸せ」という人もいれば、「忙しくて不幸せ」という人もいる。「何だか今日は仕事が少なくて不安」という人もいれば、「今日はのんびりできて幸せ」という人もいる。どんな手帳を選ぼうが、どんな方法で時間管理をしようが、何色のペンで書こうが、本人がハッピーなら、どれでもいい。

私は、時間管理とは日々の満足度を高めるものだと思っている。自分の人生は自分でつくることができるということを実感している人たちが、自分の時間の主役となることで、幸せ度をアップしていくためのスキルだと思っている。

時間管理の目的は、多くの仕事をこなすためでも、効率よく動くためでもない。

どんな一日でもいい。幸せな気持ちになるためのものなのだ。

それでは、幸せになるにはどうしたらいいか?

答えは、意外とカンタン。私は「幸せの方程式」というのを持っている。非常にシンプルな方程式だ。

期待している行動　＝　実際の自分の行動　＝　ハッピー

たとえば、Aさんの書いたBという本を今日買いたい（これが、期待している行動）と思って本屋に出かけ、その本が買えた（これが、その日の実際の行動）となると、期待している行動とその日の実際の自分の行動がイコールなので、結論として、ハッピーになるのである。

「今日は、C企画書を完成させて、A氏とB氏と次回の打ち合わせの調整を行う」という「期待している行動」があり、夜仕事を終えた時に、「C企画書が完成。A

氏とB氏と次回の打ち合わせの調整ができた」という「その日の実際の自分の行動」があれば、幸せを感じる。

とてもカンタンなことだし、些細なことだと思うかもしれないが、これが行動計画の意味であり、これが人生の満足度を高める方法なのだ。

私は、この幸せの方程式をひとつでも多く実現させるために、時間管理を学び、手帳を活用している。その日に自分が自分に期待している行動がいったい何なのかを具体的にしておく。それを、いつ行動するのかと決めて、手帳のその時間のところに書く。そしてそれを見ながら行動する。だから、一日の終わりには期待していたことと、実際の自分の行動が同じになっている。そして、ハッピーになってベッドにもぐれる。

だから、手帳を買っても長続きしないという人は、まず、この基本中の基本に立ち返ってみるといい。どんなものでも、**「続けよう」と思う気持ちだけでは原動力にならない**。**「やってよかった」「結果が楽しかった」「いい気分になった」などのプラスの体験こそが原動力となる**。

どんなにキレイに手帳に書いても、自分自身に幸せ体験がないと続かない。『ミリオネーゼの手帳術』を読んだ人からの感想には、驚くものが多い。幸せの方程式をしっかり実践し、継続されているのだ。

「『ミリオネーゼの手帳術』と『アクションプランナー』のことを雑誌で知り、同時に購入して、今年から佐々木さんのスケジュール管理法を実行しています。時間を有効に活用できるようになってきました。働く主婦として、特に仕事と家庭のバランスが自分で管理できるようになりつつあり、とってもうれしい毎日です」（東京都）

「アクションプランナーには、今までの手帳の考え方を根本から変えさせられたなと思っています。しかし、自分の生活の中で、この仕事はどれくらいの時間で終わるという予想を立てる訓練をしてこなかったので、まだまだ十分に使いこなせていませんが、意識がだんだん変わってきたなということを感じています」（千葉県）

「アクションプランナーを使い始めて一カ月。少しずつ自分なりに計画を記入できるようになりました。育児スケジュールと仕事のスケジュール、自分のためのスケジュールで、頭の中がごちゃごちゃだった時に比べると、少し落ち着いて毎日を過ごせるようになってきた気がします」（東京都）

「現在、アクションプランナーを使っています。仕事の効率が嘘みたいに上がり、びっくりしています」（神奈川県）

「アクションプランナーを活用させていただいています。もともと時間管理が下手だったので、これまでもいろんな手帳や手帳術の本を読んでトライしてきましたが、どれも長続きしませんでした。今は、仕事中もアクションプランナーを手元に開いておいて確認したり、書き込んだりと大活躍です。自分自身との約束を守ることができるようになってきたら、だいぶ気持ちが前向きになってきました」（沖縄県）

こうなったら、しめたものだ。主役力がつき、幸せの方程式の活用・成功事例が毎日毎日、増えていく。時間管理は、私たち一人ひとりが、幸せになるために行う。毎日、小さくても、ひとつずつでも「自分の期待する行動」と「その日の実際の自分の行動」がイコールになったら、誰だって気持ちがいい。それを体感するために、続けるために時間管理をしているのだ。

第2章

私の手帳選び
9つのこだわりポイント

手帳を手づくりしていた大学時代

人生脚本として、どんな手帳を使うのがいいのか。

私はこれまでにいろいろな手帳を使ってきた。今振り返ると、一番古い手帳の記憶は大学生の頃にさかのぼる。私はとてもマメな性格で、手紙を書いたり、小さい字で新聞をつくったり、書くのがとても好きだった。

私が通っていた上智大学外国語学部比較文化学科は、週三日制みたいな仕組みで、ひとつの授業が月曜と木曜、火曜と金曜という風にセットになっていた。水曜と土曜は、まったく違う時間帯で授業が行われていた。

短期間で週が変わるようになっていたので、通常の七日で一週間とのズレもあり、きちんとした時間管理が重要だった。「次回までに、ここまで読んでくるように」と先生にいわれると、それは、一週間後ではなく、三日後なのだ。

そこで、複雑に進む授業の時間割を自分のお手製の手帳に書き入れていた。

その手帳は、縦一四センチ×横一〇センチくらいの罫線だけのもの。毎年八月末から九月に購入し、三カ月かけて、三六五日の日付、曜日、朝六時から夜二四時までの時間軸を三〇分単位で書き込んでいった。土日や祝日には色のついたボールペンでしるしを付けた。

毎年、知人や友人の誕生日を古い手帳から新しい手帳へすべて写していき、手帳の最後には友達などの電話番号も書いた。毎年恒例の出来事をすべて翌年の手帳に写していくのは、時間のかかるプロセスであったが、楽しい行事でもあった。

大学時代は、学費を自分で出していたので、アルバイトもしていた。大学の授業と、夜間の英会話学校。その合間や週末などのアルバイトの予定を、隙間なく組んでいくのも好きだった。

どこかに出かける時には、時刻表で電車の乗継時間まで事前に調べて予定を組み、効率よく動くのが好きだった。家族にも、知人にも、この乗り継ぎ時刻表サービス（笑）を提供して喜ばれていた。さながら、ヤフーの路線検索の人間版！　という感じだ。

大学卒業後も、夜間学校など、いろいろな学校に通っていた。中国語、英作文、フランス語……。それらの授業も手帳に記入し、スケジュールに組み入れ、仕事との時間を調節していた。

フリーランスの通訳となった時には、計画表はますます重要な存在になっていた。その仕事を受ける、受けないを、計画表を見ながら即座に決める必要があったからだ（そんなに忙しくはなかったが……）。

とにかく、計画するのが好きで、組み合わせを考えるのが好きで、手帳についいては、いろいろ試行錯誤した。お手製の手帳を長年使った後は、リング式のシステム手帳が海外から入ってきてブームになった。

システム手帳は、海外のビジネスパーソンはみな使っているというイメージで、私自身、ビジネスウーマンはこれだ！　などと思い、本革カバーの色違いを二冊買った。うち一冊はかなりボロボロになるまで使った。

とにかく毎日の行動を詳細に書きとめたかったので、システム手帳に挟み込むスケジュールページは、一日一ページタイプを選んだ。毎日の細かい時間ごとの行動を明記していないと、通訳の時間に遅れたり、次の仕事に移動できなくなる。そのために、きちんと細かく記入できるスペースのある手帳が必要だったのだ。

しかし、システム手帳に一日一ページ、三六五枚のスケジュールページを挟み込んで持ち歩くことはできず、いつも一～二カ月分だけファイルして使用していた。

だが、これは、とても不便だった。

お客様と三カ月先の話になって、予約を入れたいといっていただいても、その場で確約ができないのだ。また、たった数カ月前のことを聞かれても、その場では確認ができないために答えられない。

それ以外にも、一週間、一カ月、一年間のスケジュールを見通せない、真ん中のリングが大きくて書きづらいといった問題もあった。

厚ぼったい手帳をビジネスバッグから出すと、それだけで仕事ができる、忙しそうなビジネスパーソンだと思っていたが、そんな雰囲気も徐々になくなっていった。

手帳を直に手に持って歩くのがカッコいいという感覚もなくなり、もっと実用的な、リラックスして使える手帳が欲しいと思うようになった。

手帳はいつも持ち歩く

文房具店が好きな私は、その頃から、各地の文房具店に入っては手帳コーナーを見て歩くようになった。そんなある日、A4サイズという大型で一五分刻みのメモリがある手帳を見つけた。これは理想に近いと思ってすぐに購入。

一五分単位は気持ちよく、文字を書くスペースも十分にあったので、細かく時間管理をするには非常に適していた。

しかし、実際に使い始めてみると、気に入らないこと、不便なことが二つ出てきた。ひとつは、ノートの真ん中がらせん状のリングになっていて、システム手帳ほどではないにしろ左ページの右端(リングに近い場所)には書きにくかった。

もうひとつ問題が出てきた。これが重大な難点だった。それは、手帳のサイズが大きすぎて持ち歩けないために、会社に置きっぱなしになってしまったことだ。

会社で仕事をしている時は、本当に重宝するのだが、外出時にバッグに入らないので会社に置いていく。置いていくと、打ち合わせ中に次回の予約を決めたくても予定がわからないので決められない。

確か空いていたなと思い、予定を決めて帰ってくると、会社では、秘書やスタッフが私の手帳を見て空いていると思い、その日時に計画を入れていたりする。また、会社に戻ってから相手に返事をするのは、かえって余計な時間をかけていることになる。夜や週末も、自宅で明日の予定がわからない。

手帳はいつも持っていなくてはダメなんだ。「私という一人の人間の時間管理」をするには、持ち歩けない大きいサイズは不都合なんだ。そんなことを学んだのが、この大型手帳を使った時のことだ。

手帳は、自分という人間の人生脚本であるから、肌身離さず、常に持っていることが一番大切だとわかった。

そんな時に出会った手帳が、私にとっては一番使いやすいものとなった。一九九五年から現在まで使い続けている手帳である。

このフランス製の手帳は、二〇〇五年版より、佐々木流の改良を加え、日本の休日も入れて、「アクションプランナー」として生まれ変わった。

こうした経験を踏まえた**私の手帳への「9つのこだわりポイント」は次のとおりだ。**

①縦に三〇分刻みのメモリ
②三〇分ごとの十分な書くスペース
③見開き一週間のスケジュール欄

④見開き一カ月のカレンダー
⑤B5サイズとA5サイズの中間の大きさ
⑥ノートタイプ
⑦やわらかめのカバー
⑧材質と色
⑨しおり

これらについて、それぞれ詳しく説明していこう。

メモリが三〇分刻みのわけ

手帳は、人生脚本であると述べた。人生という長い時間が、巻物のように紙でつながっていて、その紙に三〇分刻みでメモリがついている。その巻物を、まず一週間ごとに裁断し、一年分を束ね、製本したのが「手帳」だと考えている。

その白紙の手帳こそが、人生脚本となる。これからの自分を、いかようにも計画できるのだ。

三〇分刻みというのは、時間の概念をイメージ化するのに適しているのではないだろうか。学校ではひとつの授業が四〇分から五〇分くらいで区切られている。それが集団で集中できるひとつの時間的区切りなのだろう。

しかし、四〇分区切りでは、時間の単位がちょっと視覚的にイメージしにくい。六〇分では大まか過ぎるし、一五分刻みにすると、一五分単位で文字が書けるスペースをとることが難しくなる。

三〇分が一区切りになっていることで、自分に与えられている時間が視覚化でき、行動するのにも実用的だと考えている。

たとえば、長方形の積み木ひとつが三〇分だとすると、それが二個で一時間。四個で二時間。一〇個で五時間。積み木を積み上げていくと、イメージがわき、時間を簡単に目に見える形にしていくことができる。そのイメージが、紙に落とされると、手帳を見ていても、時間の流れが頭にインプットされる。

そもそも時間を上手に使うには、何をいつやるかということの決定と整理だけでなく、ひとつの物事をいかに無駄なく効率的に行うかという基本中の基本がある。自分の時間管理をするために、余分な時間をとられるようでは本末転倒だ。だから、

頭に描きやすい三〇分単位くらいが、大人の仕事スピードを考えてもちょうどいい。

その三〇分メモリが、縦になっているのが使いやすいと思っている。時間の流れが見えやすく、まるで積み木が重ねられているイメージがわくし、そもそも三〇分ごとのブロックに文字を書き入れやすいのだ。

手帳は、行動計画表だから、しっかり計画を書いていく必要がある。横に時間軸が進むものは、文字を書くと次の時間メモリにはみ出してしまうので、結局、すべての三〇分メモリごとに書くことができない。

一方、時間軸が縦のものは、横幅があるので、文字が書きやすいし、次のメモリが下にあるので、侵食せずに書ける。

もちろん、今まで使っていた手帳にも三〇分ごとにメモリがあります、という人も多いかと思う。確認して欲しいことは、それぞれの三〇分メモリのところに、その三〇分でやりたいこと、自分の行動計画を書いていくスペースがあるかどうかだ。メモリが刻まれていても、計画を書くスペースがないならば、役に立たない。

次に、三〇分メモリが朝何時から夜何時まで必要かを考えてみたい。

前著『ミリオネーゼの手帳術』で、二四時間を活用する、と表現したせいもあり、

「タイムデザイナー2006」より

「アクションプランナー2006」より

だ。

と、この後に述べる「手帳のサイズ」との関係で、妥協しなくてはならない点なの

だが、これは、「三〇分のブロックに行動計画を書く」という大切な手帳の本質

いろいろな要望をお寄せいただいた。

「二四時間分のメモリが欲しい」「朝四時から欲しい」「夜二四時まで欲しい」など

私自身、毎朝四時頃には起きているので、実際に四時からメモリがあったらいいなあと思うことがあるのだが、それで三〇分刻みで同じ大きさの書くスペースを確保すると紙が足りない（笑）。

個人的には、朝五時から夜の八時までなんていう手帳が大好きかもしれないが、それも製造販売するとなると、あまり一般的ではないだろう。

そこで二〇〇六年版の「アクションプランナー」は、ちょっと工夫した。二〇〇五年版よりも少しだけ三〇分枠を小さくして、時間軸を、午前七時から午後一〇時までメモリを増やした。この二〇〇六年版を実際に使った感想をいただきながら、二〇〇七年版以降を考えていきたい（「タイムデザイナー」は午前八時から午後一一時）。

私は早朝の場合、「朝四時から七時までに終了すればいい」という風に、三〇分刻みではなく、ざっくりと時間を区切って仕事をすることも多い。時間枠がないような朝や夜の時間にやるべきことは、その日の上や下にある余白を活用して書いている。

一週間を見渡してアクションプラン《行動計画》する

手帳を開いた時に、一週間分の計画が見渡せることは、とても重要である。自分の行動の流れ、波を一目で見ることができるからだ。見るだけでなくて、何が書いてあるかを読むこともできるし、それを読みながら、別の日の計画を立てることもできる。

月曜日から金曜日まですべての夜が九時過ぎまで講演や勉強会のスケジュールで埋まっていたら、土曜日、日曜日は、絶対に何も仕事を入れない。あるいは、今の時点で、月曜、火曜、木曜、金曜と夜九時まで仕事があり、なおかつ土曜日に講演が入っていたら、それに気づいた時点で水曜日の六時以降、時にはもし空いていた

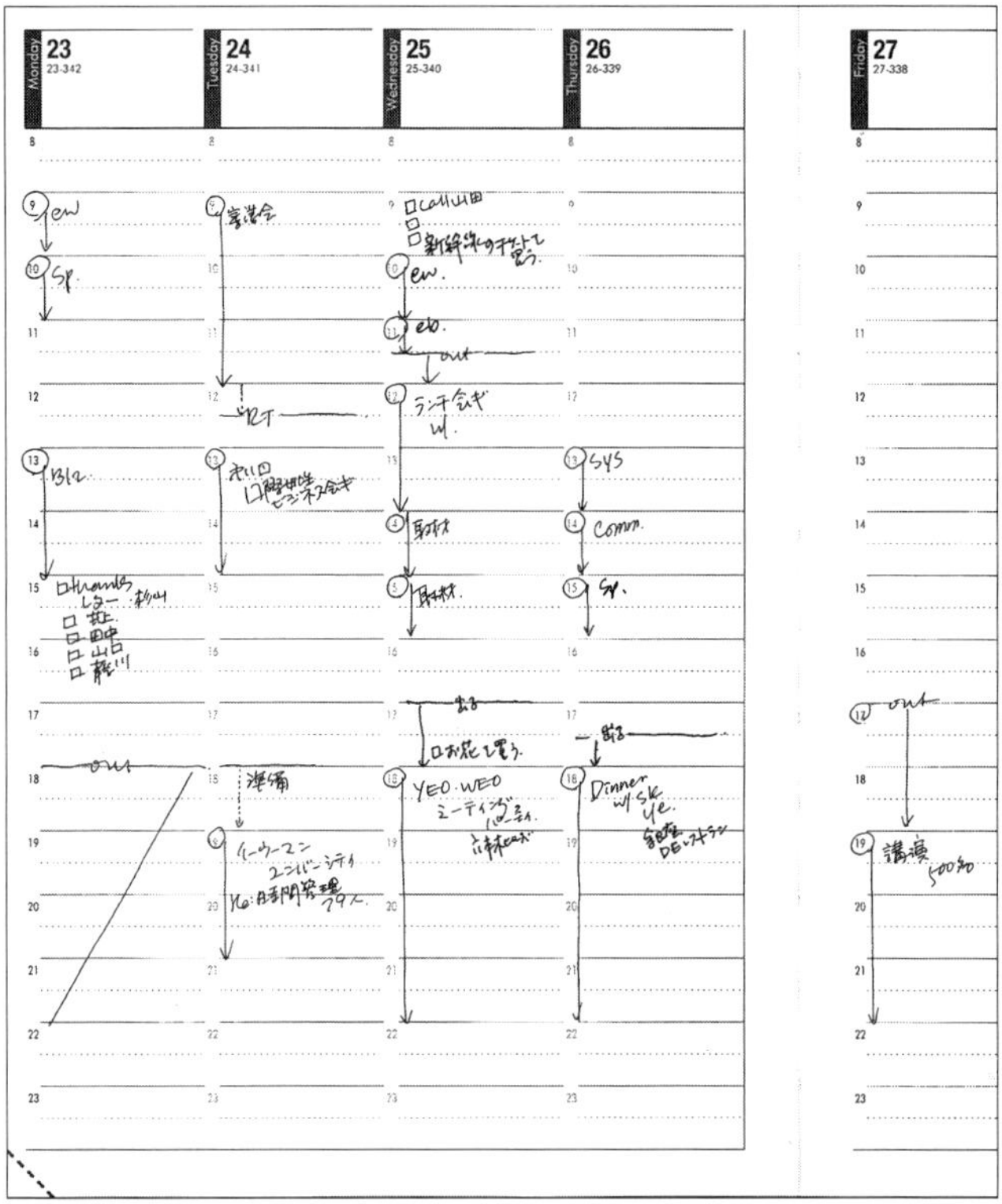

記入例1　「タイムデザイナー2006」より

ら四時以降くらいをブロックしてしまう。自分の時間を水曜日の夕方から確保しておくことで、リラックスできるし、水曜日は六時になったらすぐに帰宅するようになる。

私は、見開き一週間の中で、まずは計画を立てるようにしている。私の「期待する行動」は、毎日六時に会社を出て七時までに帰宅すること。だから六時以降は、あまり仕事を入れたくない。しかし、講演をすることも、勉強会に参加することも、パーティーに出ることもある。だから先に述べたように、そのような重なりを一週間単位で見ながら、どの曜日をブロックするかを決めるのだ。

週末の講演やラジオ番組への出演依頼を受けた時には、その週の平日をその場でブロックしてしまう。週末に家を空けることになると、子どもとの時間を平日に十分とれるようにしたいからだ。土曜日に講演が決まったら、空いていれば、その週の平日の夜は基本的にすべてブロックしてしまう。毎日七時までに自宅に帰ろう！という決意である。

一週間の見開きは、計画の建て直しにも役に立つ。計画を立ててもできないことはいろいろある。今日できなかった場合、それを翌日に動かせるのかどうかが一日でわかる。明日の計画もいっぱいなら、やはり今日中に仕上げるだろうし、「明日の午前中に振り返られそう」だとわかれば、無理をせず、今日の案件をひとつ、早めに明日に動かし、今日の時間は今日の仕事に専念できるかもしれない。

時間を管理するということは、その流れを上手く使うことでもあるので、一日一ページになっているタイプより、見開き一週間のほうが、私にとっては断然効率がいい。時間がつながっていて、流れていることが、体感できるからだ。

ワーク・ライフ・バランスを考える

しかし、時には、月曜日は六時から仕事の打ち合わせ、火曜日はイー・ウーマンユニバーシティでの授業、水曜日は地方での仕事の帰りで東京駅到着が二三時半、木曜日はある企業での研修で二二時まで、金曜日は勉強会兼パーティーに招かれていて二二時まで、そして土曜日が、朝六時に家を出て夕方六時戻りで地方での講演、などということもある。

見開き一週間のスケジュールを見渡して、すべての夜に予定がぎっちり、ということもある。ブロックできる空き時間がないのだ。そうすると私は、その前の週や翌週の平日の夜、週末で空いている時間をすべてブロックしてしまう。

一週間という単位で、ある程度の流れをつくるようにしているが、それが崩れていたら、二〜三週間単位で、自分のワークとライフのバランスを見る。時に、六週間続けて土曜日に仕事が！　などということがあるので、その場合は、もっと長いスパンで考えるようにしている。

一週間ですべてのことが完結するわけではない。たとえば「子育て」などは、一週間単位で見ることに、あまり意味はない。なぜなら、忙しい週もあれば、子どもとの時間がゆったりとれる週もあるからだ。

予断だが、雑誌や新聞から「佐々木さんは子育てと仕事と両方をされているので、佐々木さんの一日をチャートで表現したいのですが」といった取材を受けるが、お断りするようにしている。一日の中で子育てと仕事のバランスを取ろうとすること、またそのことを、他のワーキングマザーができていると感じさせること自体が、他の多くのワーキングマザーを苦しめていると考えるからだ。

時には、仕事の山があって、遅くまで働く必要があるだろう。大切なのは、「**あ**

る時間軸の中で」子育てと仕事の両方の時間配分が、自分の望むようになっていて、ハッピーでいられているかということだ。そして、その時間軸は時に一週間、時に一カ月、時に二〜三年かもしれない。

最近、「ワーク・ライフ・バランス」という言葉をよく耳にするようになった。これは、仕事とそれ以外の生活を、各個人が上手に時間配分し、融合させて、互いの役割を補強するように時間を活用していくことをいう。

手帳はまさに、そのためのツールとして最適である。「アクションプランナー」「タイムデザイナー」といった手帳が、なぜ月曜日から日曜日まですべての日にちに同じ時間軸があるかというと、すべての曜日が自分の人生であり、手帳には、ワークに関することも、ライフに関することもすべて計画して書いていくからである。

土日も平日も同じ大きさのスケジュール欄

私が一〇年間愛用してきたフランス製の手帳はいくつか難点があった。そのひとつが、この見開き一週間だった。三〇分刻みのメモリがあるのは土曜日までで、日曜日はちゃんとした「欄」すらなく、右下に「Sunday」と線が引いてあるだけだったのだ。「フランス人は日曜日に予定を入れない」(笑) という徹底したライフスタイルが反映されていて、それはそれでよかったのだが、私は困っていた。

日曜日に子どもの学校のイベントがある時もあるし、二人の子どもが別々の時間にスイミングに行くので送り迎えをする必要もある。仕事で講演などが入り、電車の時刻などを記録しておきたいこともあった。そのたびに、この「Sunday」の欄にごちゃごちゃとメモを書いていた。

別のタイプのフランスの手帳では、ランチタイムの時間メモリがないものがあった。正午の線の次が午後二時から始まるのだ。わが社のスタッフが数年前、旅行先で購入したキレイな手帳。あまり考えずに購入し、一月の仕事はじめに驚いた。午後一時からの会議や一二時半からのランチミーティングを書き入れようとしたら、一二時の次が二時なのだ。「？・？・？・」と思ったが、これもお国柄。昼食タイムは二時間！　だから一時に予定することなどない、ということで手帳からその時間帯がなくなっているのだ。手帳がそれぞれのライフスタイルを反映してつくられているのがよくわかる。

二〇〇五年版「アクションプランナー」は、『ミリオネーゼの手帳術』の読者からの強い要望で急遽輸入した手帳を佐々木流に改良命名して販売することになった。じっくり考える時間も与えられなかったが、せめて日本の祝日の表記とこの週末を何とかしようと、その時できるレイアウト変更の範囲内で日曜日のスケジュール欄を誕生させた。

しかし、ちょっと無理があった。他の曜日とは欄の大きさが違い、メモリの時間帯も違ったので、視覚的に理解しにくいものになってしまった。そこで、二〇〇六年版「アクションプランナー」では、この点も改良し私の理想の手帳が生まれた。月曜日から日曜日まで毎日七時から一〇時まで、同じようにメモリを付けてもらったのだ。

手帳を仕事だけに使うという考えから解放されて、自由にのびのびと自分の人生脚本として活用する。自分の人生に関係する行動計画なら、どんなことでも記入していく。そう考えると、見開き一週間には、平日と同じように週末が必要なのだ。

土曜日も日曜日も、同じ時間メモリが同じように書いてあれば、視覚的に時間が

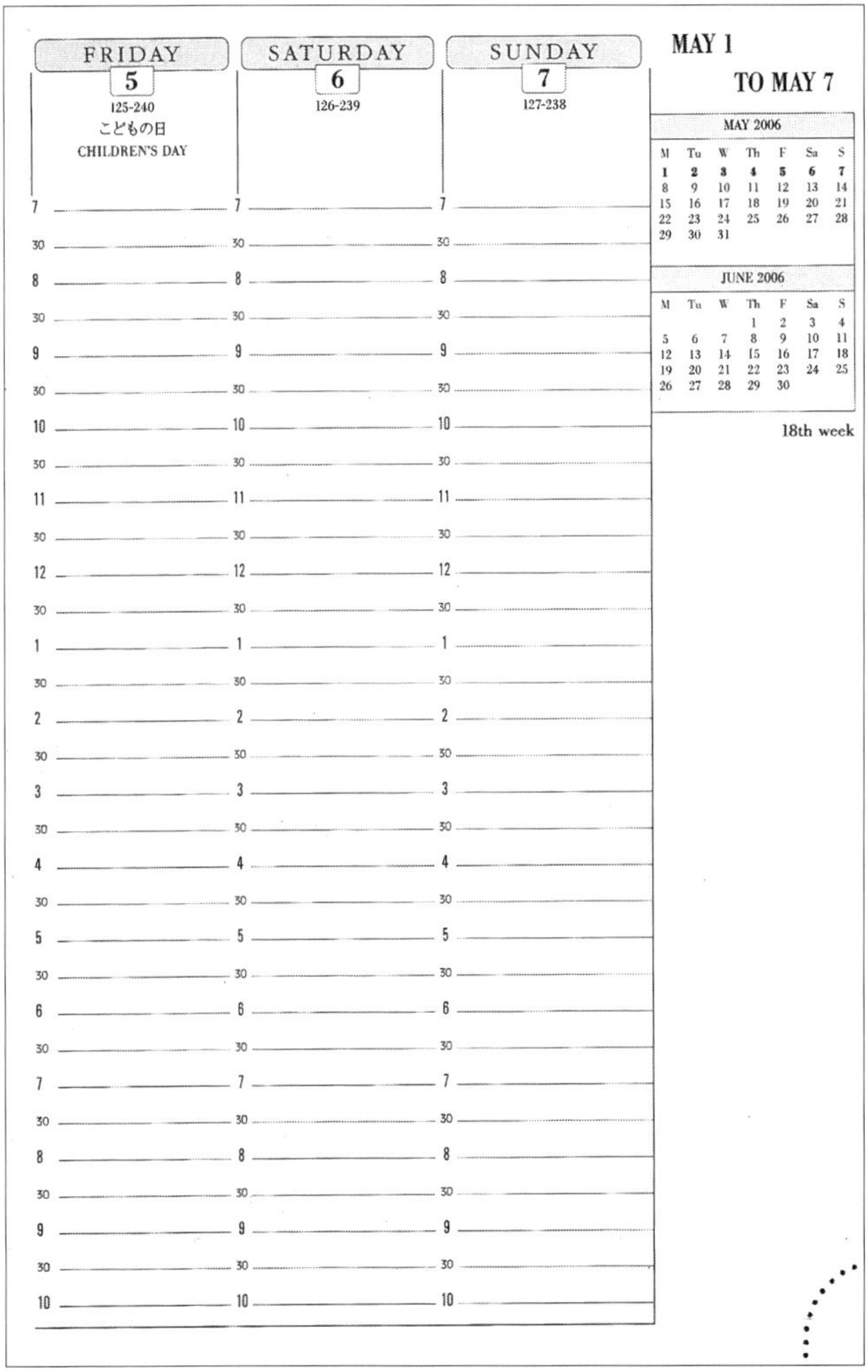

FRIDAY 5	SATURDAY 6	SUNDAY 7
125-240	126-239	127-238
こどもの日 CHILDREN'S DAY		
7	7	7
30	30	30
8	8	8
30	30	30
9	9	9
30	30	30
10	10	10
30	30	30
11	11	11
30	30	30
12	12	12
30	30	30
1	1	1
30	30	30
2	2	2
30	30	30
3	3	3
30	30	30
4	4	4
30	30	30
5	5	5
30	30	30
6	6	6
30	30	30
7	7	7
30	30	30
8	8	8
30	30	30
9	9	9
30	30	30
10	10	10

MAY 1
TO MAY 7

MAY 2006

M	Tu	W	Th	F	Sa	S
1	**2**	**3**	**4**	**5**	**6**	**7**
8	9	10	11	12	13	14
15	16	17	18	19	20	21
22	23	24	25	26	27	28
29	30	31				

JUNE 2006

M	Tu	W	Th	F	Sa	S
			1	2	3	4
5	6	7	8	9	10	11
12	13	14	15	16	17	18
19	20	21	22	23	24	25
26	27	28	29	30		

18th week

「アクションプランナー2006」より

捉えやすい。そして、その中で、どのように時間を使うかは、一人ひとりの人生なのだ。

見開き一カ月ページはプランづくりのお砂場

二〇〇六年版の「アクションプランナー」に新たに付けた機能に、見開き一カ月のページがある（「タイムデザイナー」にも付けた）。

一カ月が一覧できるタイプのカレンダーが欲しいという要望は、何人かからいただいたが、それは「ボックス式カレンダーを付けてください」という要望だった。しかし、私はボックス型を採用しなかった。なぜならば、ボックス型は一カ月全体を見るのには見やすいのだが、記入したり、計画したりするのには向かないと思っているからだ。

わが家にも、壁掛けカレンダーでボックス式のものがある。子どもの予定などを母が書き入れているが、たくさんのイベントがある日は、行動や移動のメモだけで、ごちゃごちゃになってしまう。

そもそも、最初から述べているように、**手帳は人生脚本。計画を書き入れる場所は、一箇所に集中させる。**二箇所、三箇所に書いていては、いけないのだ。壁と手帳に分かれていたり、手帳の中でも複数箇所に書かれているのでは機能しない。ではなぜ、二〇〇六年版「アクションプランナー」にも、「タイムデザイナー」にも、見開き一カ月のカレンダーを付けたのか。

このページは、計画を決めて行動計画としてスケジュールページに書き入れていく前の段階で使用するメモ用紙だと思って欲しい。プランニングをする過程で試行錯誤するためのお砂場だと考えて欲しい。たとえば、複数の仕事の整合性を見るために使ったり、全体の流れを把握するためのページとして使う。どのような行動計画にすると一番効率がいいのかを試行錯誤するためのページ。ここで行動に移すことを決意した項目は、見開き一週間のスケジュールページの該当日時のところに具体的に書いていく。

だから、**「アクションプランナー」の中では、そのページを「プロジェクト・アット・ア・グランス」、つまりプロジェクトが一目でわかるページ、と名づけた。**

私はイー・ウーマンサイトで「ウィン－ウィン対談」というコーナーを展開し

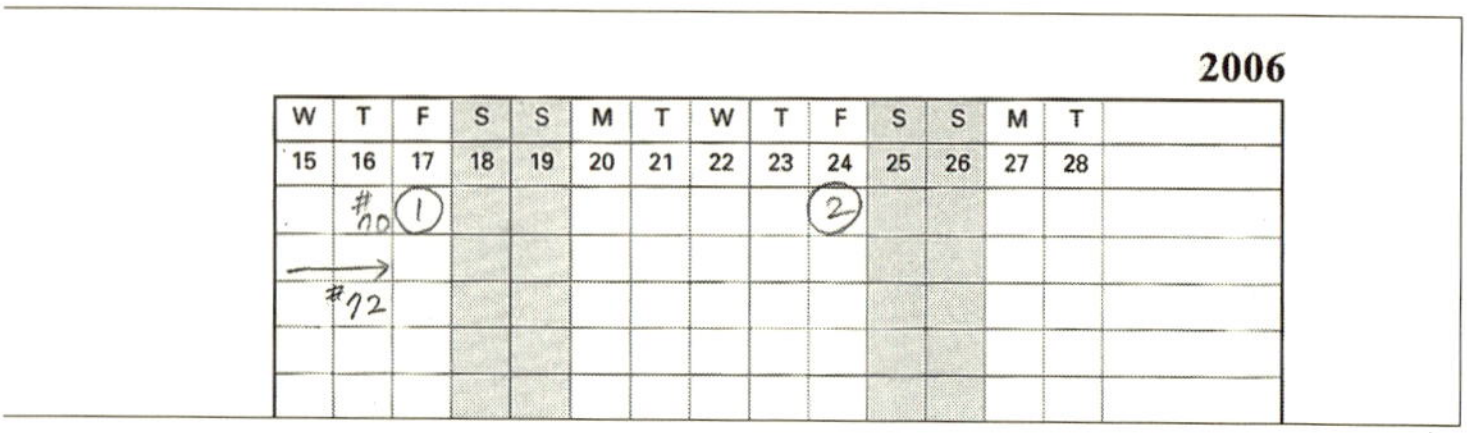

「アクションプランナー2006」より

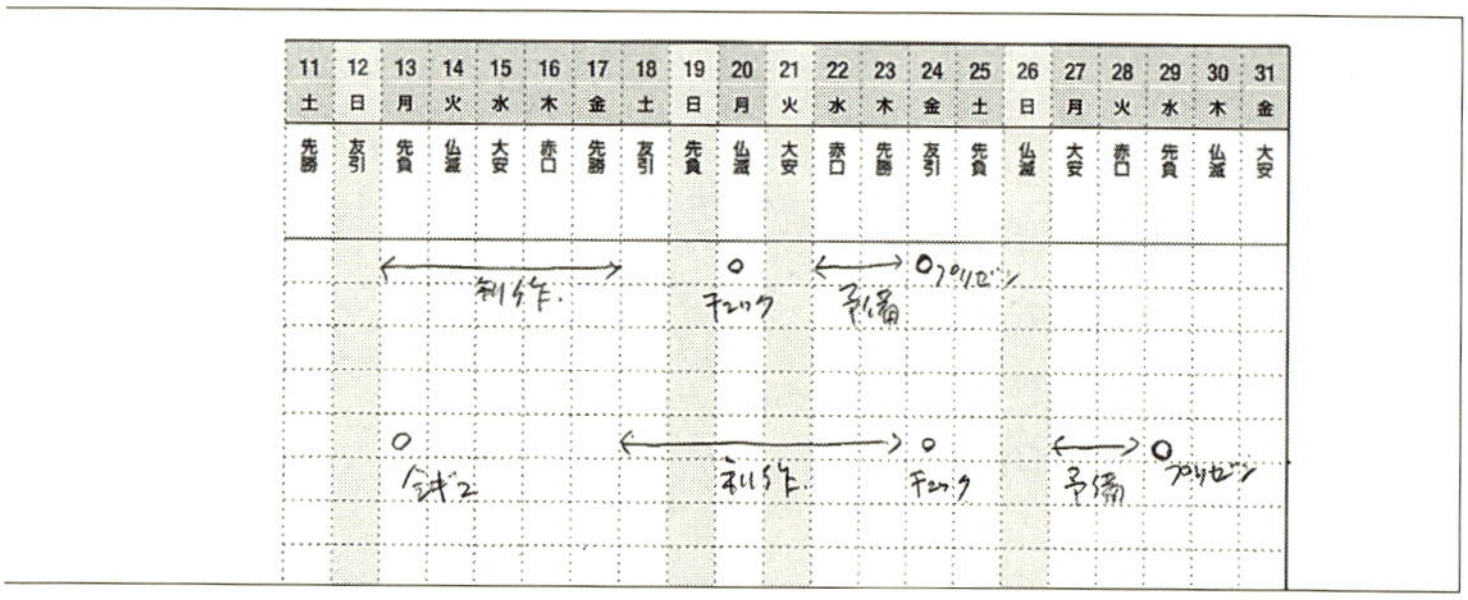

「タイムデザイナー2006」より

ている。すでに六〇名以上の著名人と対談させていただき、その人たちの人生観などを伺い、毎週金曜日にサイト掲載している。前半と後半に分けて二回掲載する人気コーナーだ。

　私の「アクションプランナー」の「プロジェクト・アット・ア・グランス」のページには、まず掲載日の金曜日のところに前半アップ日という意味で「①」、後半アップ日という意味で「②」という数字を年間分書き入れてある。

　ゴールデンウィークや夏休みに新規掲載を一回お休みして振り返り特集にしようとか、そんな季節の流れも考え

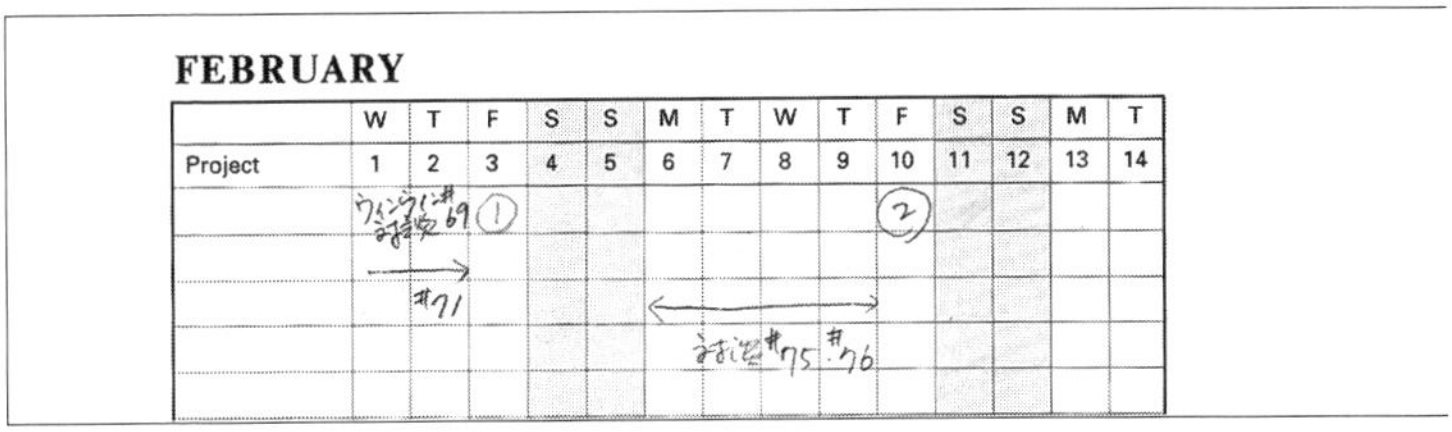

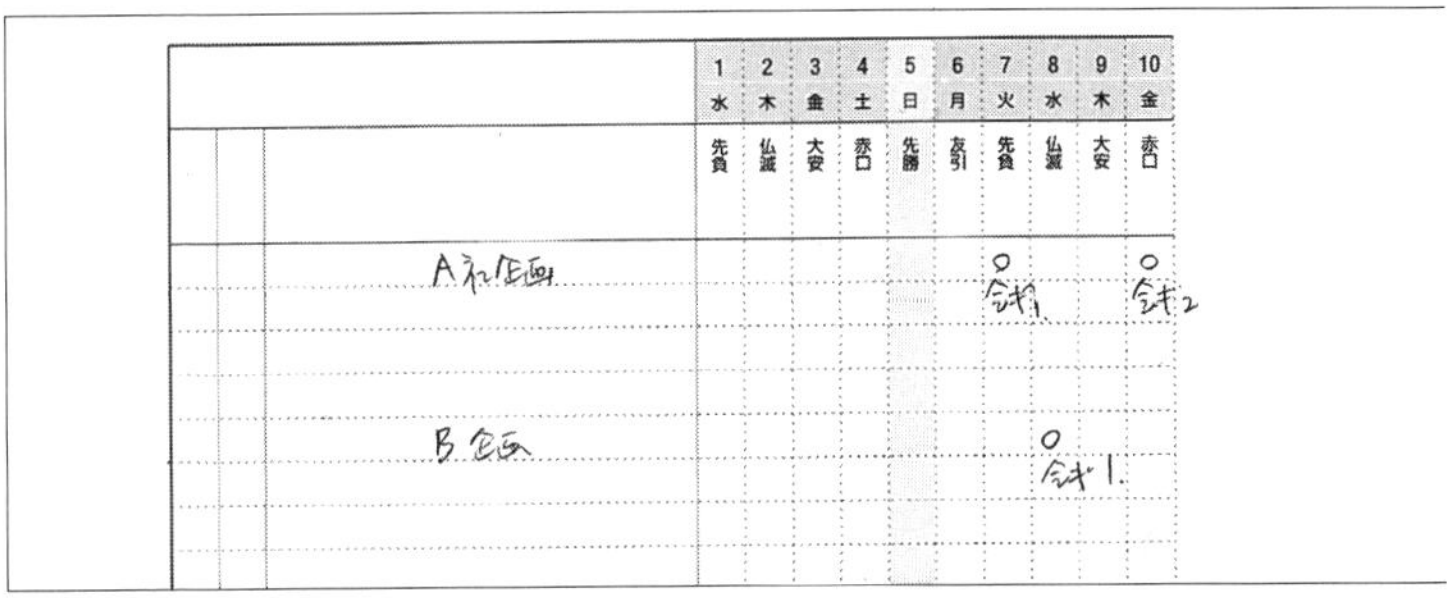

記入例2

金曜日のところに数字を入れていく。

次に、どなたに対談をお願いしたいのかというプランを、季節や前後の方々との並びなど複数の視点から考えて、お名前をメモしていく。これは、私の場合、通常は月の左端のあたり一箇所に書く。書き出した後に、順番を決めて日程の中にお名前を入れてみる。入れながら、数カ月の流れを見通してみる。リズム感があるかなど対談全体の流れを感じとるわけだ。

そして、掲載の何日前までに原稿があがれば編集ができるかなどを見ていく。自分が、三月の上旬二週間が超多忙だとすると、その間に編集をする必要がないように対談日を設定していく。あくまで自分の中での仮の設定だ。そして対談日を仮設定したら、対談依頼をいつするかを決める。

こういった一連の行動計画を、「プロジェクト・アット・ア・グランス」に書く。ちなみにこのページはたいてい、鉛筆で書く。何度も消しながらプランを考えるからだ。従来、コピー紙の裏などの裏紙に書きながらイメージしていくプロセスを、日付の書いてある捨てない紙に書いていくということだ。

整合性を見る、というのは関連する複数のプロジェクトの流れがかみ合っているのかどうかを一歩離れた距離から見るということだ。

プロジェクトマネージャーが自分の担当プロジェクトの計画を緻密に立てたとしても、隣の部署のプロジェクトとの関連性が見えていないと、社内では効率の悪い人の動きや、広報的にも価値が薄れることがある。同じタイミングで連携したほうがいいのか、時期を少しずらすことでスタッフが楽になり相乗効果が上がるのか。そんなことを見るのにも適している。

たとえば、イー・ウーマンの新規プロジェクトが二月六日から始まるとしよう。それは、毎日の生活の中で覚えている必要のある日程だから、見開き一週間のスケジュール欄に書く。自分の日々の仕事に影響してくるからだ。

しかし、そのために、システム部門にどのようなステップで動いてもらうかを計画する時には、「プロジェクト・アット・ア・グランス」ページにメモをしながら考える。通常のメモ帳に「一月十五日ステージ①」「二十四日ステージ②」などと書くより、よっぽど有効なメモの取り方になる。

コミュニティ部門から、サイト運営の企画などの計画があがってきた時も同じページにメモをしながら話し合うので、二つの部門の進行に整合性があるのかないのかもよくわかるのだ。

「プロジェクト・アット・ア・グランス」ページは、計画を立てるためのメモ帳、全体像を視覚化するためのページと考えるといい。

パッと見て理解できる大きさは？

私は、手帳のサイズにもこだわっている。「アクションプランナー」はフランス製なので、日本の判型と違い、B5サイズとA5サイズの中間（といってもA5サイズに近い）である。二二センチ×一六センチ。

これがちょっと使い始めると大変心地良いサイズなのである。一番の理由は「常時携帯」ができる「最大の大きさ」だからである。

持ち歩ける中での最大であることが重要なのは、しっかりと行動計画が書けるかどうかが手帳を活用する一番の理由だから。三〇分刻みの時間枠に、文字（行動計画）がしっかり書ける必要があるのだ。

このサイズだと、仕事の時にもプライベートの時にも、いつも肌身離さず持ち歩くことができる。いつでも自分の行動計画を見ることができるという閲覧性と、すぐに書くことができるという機能性の両方を活用するためには、常時自分の手元にあるかどうかが、とっても重要なのである。

会議の時も、パソコンの前でも、友達との食事の時も、同窓会でも、学校の保護者会でも、持ち歩けてその場で書ける手帳であることが大切だ。

もうひとつ、このサイズが好きな理由がある。それはノートを開いた時に、情報が目に飛び込んでくるかどうか、という点である。文字を真剣に読まなくてはならないか、それとも、見ただけでパッと視覚的に自分にメッセージを送ってくれるかどうか、ということも私には大切なポイントになっている。

以前、テレビ朝日の「ニュースステーション」という番組で六年間ほどレポーターをさせていただいていた時に、画面の下のほうに出る「テロップ」について学ぶ機会があった。会話の秒数と、画面に表示する文字数が決まっているのだが、その文字数は、そもそも、視聴者がその秒数でテロップを読めるかどうかが基本になっている。どんな時に漢字を使うか。どんな言葉はひらがなを使うか。記号を使うかどうかなどもさまざまなノウハウがあった。

私流に解釈すると、それは、テロップが読ませるものではなく「見せるもの」だからだと思った。テレビを見ている人が、必ずしも皆、真剣に画面を見てくれているとは限らない。むしろ真剣に画面を見ていない人のほうが多いだろう。料理をしながら、食事をしながら、ビールを飲みながら、友人と話しながら、子どもをお風呂に入れながら、片づけをしながら……。

そんな時に、パッと画面を見て、テロップの意味を瞬間に認識してもらうためには、「**読ませるテロップ**」**から**「**見せるテロップ**」**へのノウハウが必要だったのだ**。

私は貴重なノウハウを学んだと思っているが、これが、自分の手帳のコンセプトの背景のひとつになっているのかもしれない。

　小さい手帳だったり、そもそも三〇分メモリが小さすぎたりしたら、パッと見たときに読めない。「なんて書いたんだっけ?」などと自分の書いた文字をじっくり読まなくてはならないようだと、それこそ時間の無駄だと思ってしまう。だから、自分でパッと見ただけで行動計画を理解できることが大切なのだ。

　ただし、書くことがそれほどない、少ないという人もいるだろう。毎日の行動計画が三〇分ずつではなく、一日ひとつとか、二つから始めたい、という人もいるだろう。それも、とてもいいこと。いくつからでもいい。**行動することを自分と約束をしてみて、それを守るということを重ねていくことが、手帳を使ううえで一番大切なことだからだ。**

　時間管理と手帳術の目的は「ハッピーになる」こと。だから、ゆったりと時間を過ごし、毎日少しずつ行動計画を立てていきたいという人もいらっしゃるだろう。こうした人や、小さめのほうが使いやすいという人は、ぜひ、「タイムデザイナー」のB6サイズを試していただきたい。

書きやすく、かさばらないノートタイプ

私は、手帳はどれもノートタイプが好きだ。金具がついていないものが好きなのだ。ただ、好きというだけでなく、いくつかの理由がある。

先にも述べたが、私も過去にはシステム手帳にはまったことがある。一日一ページのものを購入して持ち歩いていたが、何しろ厚くて重い。また、リングの部分が大きくて、手にぶつかるので書きにくい。

ノートタイプでもリングが真ん中にあるタイプもある。前述したA4サイズの一五分刻みのものがそうだった。らせん状のリングが、ページの境にあるタイプだ。これも、システム手帳同様、特に左ページの右端に文字を書こうとすると文字がゆがんでしまって気持ち悪かった（笑）。

こうしていきついたのが、今使っているノートタイプ。何の変哲もないノートタイプだが、しっかりと開ける。隅々まで書くことができるので無駄がなく、手になじむ。左ページの一番右、つまり木曜日の欄を書いていくのも、ラクラクである。

これも、ハッピーな理由。

そして、金具がない分軽いし、かさばらない。バッグ内でも、場所をとらない。こんな理由で、シンプルなノートタイプが一番いいと思っている。

自分が大好きな肌触り、色を選ぶ

手帳が手になじむことも、私にとって大切な条件だ。

たとえば、私の秘書は、私の時間を管理するためにA4サイズの三〇分刻みの手帳を使っている。しかし、カバーはハードカバーで、カバーだけで3ミリくらいの厚さがある。硬くつっぱっていて、曲がることもない。

なぜ彼女の場合それが良いかというと、彼女は、業務で私の時間管理をしているわけだから、会社にいる時間だけ見ることができればいい。自宅に持って帰る必要がないから、大きなサイズでもOKということなのだ。そして、カバーが分厚くしっかりしているほうが良い理由は、時に立ったまま手帳にメモをすることもあるから。つまり、手帳の条件は、使う目的によって異なってくる。

本書で紹介しているのは、「自分の人生を豊かにするための手帳術」であり、「行動計画を実行してハッピーになる時間管理術」なので、私は、やわらかいソフトカバーのものをおすすめする。

カバンの中でつっぱっている手帳だと、どうもかさばる。かさばるので、持ち歩かなくなる。机の上に置いて仕事をしている時も、あまり硬いと邪魔な感じになる。ポイントは、常時持ち歩くこと。だから、やわらかいほうがいい。手で持っている時もちょっと曲がるくらいのやわらかさのほうが私は持ちやすい。

それから、好きな材質や色であることも、大切だと思っている。くどいようだが、時間管理や手帳術は、自分がハッピーになるためのひとつの方法。満足度を高めるためには、「この手帳が大好き」になったらうまくいく、というわけだ。

私も市販の手帳を買う時は、表紙のデザイン、肌触り、色、素材、中の紙の色や線の色、線の幅などいろいろ吟味する。「アクションプランナー」の場合は、二〇〇六年版は、フランス製合皮でオーストリッチタイプを七色（レッド、ネイビー、ボルドー、ブルー、グリーン、ベージュ、イエロー）と、フランス製高級本皮を七色（レッド、ネイビー、ボルドー、フレンチブルー、ベージュ、グリーン、ブラック）の全一四種類。

「タイムデザイナー」は、日本製合皮でA5サイズが四色（レッド、イエロー、グリーン、ブラック）、B6サイズが二色（レッド、ネイビー）だ。

私は、二〇〇五年版は「アクションプランナー」のオーストリッチ合皮のボルドーを使用。二〇〇六年版は本皮のレッドを選んだ。本皮は、二〇〇六年にはじめて用意した。フランスのこのメーカーで今年入手できる一番高級な皮を選んだのだが、やはり滑らかで気持ちいい。イー・ウーマンサイトのショップでも合皮二冊に対して本皮一冊という売れ行きを見ると、多くの人が本物志向なのだと思える。

毎年カバーの色を変えるのも楽しみのひとつ。私は、手帳の色や手触りも楽しむ。人生脚本である手帳を大切にしたくなるひとつの理由だ。

実際、「アクションプランナー」を購入された方から「来年はレッドが欲しい」「今度はイエローを絶対手にいれるぞ！」などと、色に関するメールもたくさんいただく。肌身離さず持っているものだから、肌触りや色は、自分の好きなものを手に入れると良いだろう。

すぐに「今週」を開ける快感

「今日がどのページか」をすぐに見つけられるほうが時間短縮になるし、ストレスもないことから、ページを開くためのしおりはあったほうがいい。紐のしおりでもいいだろうし、ページ上にクリップを止めている人も見かける。自分が使いやすければそれでいい。

「アクションプランナー」や「タイムデザイナー」は、ページ下の角のところに点線が入っている。二〇〇五年版の「アクションプランナー」でこれについての質問があったので、ここで説明すると、これは切り取っていくことでしおりになる、というものなのだ。

毎週月曜日、新しいページをめくったら、見開き左側の下の角を、点線から切り取る。毎週月曜日の朝、切り取るということだ。つまり、見開き一週間のスケジュールページを開いている時は、いつも手帳の左下が切り取られていることになる。

そうすると、手帳を閉じた時には終わった週のところの角がないわけだから、開く時には角がまだ残っている右ページの角に親指をかけて開けば、「今週」がすぐに開く、という仕組みだ。何のことはない工夫に思えるが、毎日、これが嬉しかったりする。

子育てもプライベートも、一冊を常時携帯

すでに何度か「手帳は一冊」と述べた。自分の時間はひとつの流れであるのだから、その行動計画は、一冊にまとめることが大切だと思う。私には、六歳と一歳の子どもがいるが、保育園や学校の行事の時も、会議の時も、子どもの囲碁教室やスイミングの時も、週末の美容院の時も、どんな時でも私は手帳を持ち歩いている。

手帳をうまく使えていないという人の中には、「子どものことは家にある壁掛けカレンダーに書いてるんです」という人もいるし、「プライベートな予定は、別の手帳に書いています」という人もいる。

結論からいえば、「それで、うまくいっているならOK。ハッピーならOK」ということになるが、そうでないならば、見直しを検討してもいいかもしれない。

一冊の手帳にすべてのスケジュールが書き込まれているため、どの日のどの時間が自分は空いているのかが、即座にわかることで、計画をすばやくその場で立てられる。

この利便性が私にとっては最優先される。それに、手帳は人生脚本だから、主役として脚本は一冊にしたほうが都合がいい。同じ人間なのに複数の脚本を手にしてしまったら、混乱は当然といえよう。だから、私はいつも一冊を持ち歩く。

たとえば、小学校の保護者会に出席した時、プリントが配られたとする。そこには、十一月二十五日に美術鑑賞があって「お弁当持参」と書いてあったとしよう。私はその場で手帳を開き、十一月二十五日の朝の余白のところに「美術鑑賞　お弁当」とメモをする。

美容院に行った時、歯医者に行った時に「次回のご予約はいかがいたしましょう?」と聞かれたら、さっと手帳を取り出して、自分の具体的な予定を見て、その場で予約を入れ、自分の手帳に書き入れる。美容院のくれるご予約カードや歯医者の診察カードには記入しない。

美容院だったら、美容院に行くことができるかどうかだけでなく、前後の仕事の流れを見て、髪を切った翌日にこの仕事があるのはＯＫかとか、この仕事の日より前には髪を整えておかなくちゃ、などの確認もできる。歯医者も同様で、もしも抜歯などがある場合は、歯医者に行くことができるかどうかだけでなく、その翌日から数日間の仕事の内容を手帳で確認してベストな日程を選ぶことができる。

これが、手帳が複数冊になっていたりすると「自宅に帰って確認してから電話します」などということになる。

時間管理の秘訣。手帳はいつも開いておく

ここで、とても大切なことが二つある。ひとつは、**一冊にするということは、一箇所に書くということだ**。たいていの手帳は、主たる時間軸のほかに、ボックス型のカレンダーなど、スケジュールを書くスペースが複数付いている。プライベートなことはボックス型に、仕事のことは見開き一週間に、などと分けている人にも出会ったことがあるが、うまく機能していない。

「アクションプランナー」も「タイムデザイナー」も見開き一カ月というページを二〇〇六年版には付けた。しかし、すでに述べたように、それは下書きをするため

の思考途中のお砂場にすぎない。行動計画を書くのは見開き一週間のページ一箇所だけである。

「一冊」という意味は、いつも自分と一緒にということ。一元管理できる時間メモリの付いた手帳があれば、一目で自分の行動がわかり、無駄を省けるということなのだ。だから、自分が行動したいことはすべて一箇所に書く。

もうひとつは、**一箇所に書いたページを、常に、開いているということだ**。これは、私がまったく想定していなかった出来事なのだが、一冊目の本を書いてから、さまざまな質問を受ける機会があった。その中で手帳を使っているのに時間管理ができない、という人たちをよく観察してみて、とても驚いたことがある。まじめに時間管理に取り組もうと、手帳を常時持ち歩いている人の中でも、実は多くの人が、記入はするものの、それで終わり。手帳をカバンの中に入れっぱなしであったり、仕事中も机の上に閉じて置いていたりしているのだ！

これでは、何を計画しても実行できない。学校の教室には「時間割表」がはり出してあるだろう。いつでも次の授業が何分から何が始まるのかわかるように。

笑い話だが、わが社内で実際におきた出来事。時間管理を自分もしようと「アクションプランナー」を買い込んだその人は、いつも私の前には手帳を開いた状態でやって来る。左手に手帳。右手にペンだ。今週のページを開いて、今にも文字を書き入れるというポーズでやって来る。

ある日のこと、「すみません、明後日、どこかで三〇分お時間をいただけませんか?」とやって来た。私は、「すでにいっぱいだけど、一三時半なら空けられる。そこでいいですか?」といい、二人はその場で明後日の一三時三〇分の欄に、ミーティングすることを手帳に書き入れた。

当日になった。私はその日は特に多忙で、三〇分で終了させたい仕事に三五分かかったりするなど、分刻みで動いていた。昼食も返上し、パソコンのキーボードの手前にある手帳を見ながら仕事をしていた。

実は、私は一三時三〇分になっても前の仕事が終わらなかった。約束した人の席のほうを見ると、一三時三〇分になったのに私のところに来る気配がない。これはしめたものだと、私は残りの仕事を終わらせることにした。

一三時四五分、その人はまだ動く気配がない。私は前の仕事も終了したし、一四時からは来客なので、ちょっと心配して、その人のところに歩いていった。

「一三時三〇分からミーティングではなかったかしら？」

するとその人は、デスクの隅に閉じてあった手帳に手を伸ばし、開いてみる。

「あ！　そうでした、すみませんでした！」と。結局、その日は時間がとれなくなってしまったのだ。

三〇分ごとに行動計画をチェック

手帳に行動計画を書くということは、それを見ながら仕事をするということである。

何のために手帳に自分の行動計画を一元化して書くのかというと、それを**常時見ているることでスムーズに計画どおりの行動ができる**からだ。

「計画は立てたんですけど、実行が難しいです」という人の多くが、もしかするとこのパターンかもしれない。計画は立ててあるが、それにしたがって行動していないのだ。行動計画を見ていないのだ。三〇分ごとに自分が何をするのか、次の三〇分で何をするのかを、時々見ながら行動しているといい。見ないでいると「気がついたら一日が終わっていた」ということになる。手帳に書いたことと無関係に、以前同様「勘」にたよって仕事をしてしまうのでは、達成感もないし、ハッピー度も低い。

私の場合、どのようにしているかというと、デスクではパソコンのキーボードと私の体の間に常時手帳を開いて置いている。チラチラと手帳と時計（通常はパソコン画面の右下の時計）を見ながら、自分が今、計画どおりに行動できているかどうかを確かめているのだ。

マラソン選手が、「よーいドン！」と走り始めてから、途中で何のチェックもなしに、ゴールまで走るということはないだろう。五キロごとに腕時計で自分のタイムを確かめながら、「計画より遅いぞ」「計画より速いぞ」と途中で何度も確認する。

私たち社会人も、一日の動きを、途中で何度も確認することが必要なのだ。そのために手帳を常時開き、**自分の計画と行動が合っているかどうかを、三〇分ごとに確認していくことが、時間管理がうまくいく秘訣なのである。**三〇分ごとに確認していけば、ずれが少なくてすむ。また、夕方の計画にしわ寄せがありそうだったら、早めに対処もできる。

第3章

行動のタイムマネジメント
——手帳術

#「なんとなく忙しい」からの脱出法

「とにかく毎日が忙しい」という人は多い。そういう人たちには、二つのタイプがいる。忙しいから「嬉しい」「充実している」と思う人と、忙しいから「悲しい」「なんだか何もできていない」と思う人だ。

「忙しい」だけなら、それは必ずしもマイナス表現ではない。嬉しい人もいる。つまり、忙しいかどうかがポイントではなく、なぜ忙しいのか、その忙しさは事前に自分が仕組んだものなのか、それとも想定外のことなのか、その忙しさの内容は何なのか、その忙しさをどう受け止めているのかがポイントだ、ということがわかる。

どうして「忙しい」という表現は同じなのに、人によって「嬉しく」感じたり、「悲しく」感じたり、得られる体感が違うのか？

人は達成感があると満足度が上がる、と私は考えている。達成感とは、自分が期待した目標値に達した時に得られる感激である。

人は、自分の行動の先にある目標が明確だと、それを手に入れた時にとても大きな満足感を得る。目標をあいまいにしていると、たとえ同じ分量の仕事をしても、たとえ同じレベルの達成度合いでも、達成感は得られにくい。

たとえば、「三五歳の初日の出はニューヨークで見たい」と考えていた人が、そのとおりになればとても幸せだろう。達成感がある。それは「ニューヨークに行ってみたいなあ」「どこか外国で初日の出が見たいなあ」といったレベルの目標だった人の満足度とは、ちょっと深さが違う。

毎日の出来事でも同じだ。「なんだかあっという間に時間が過ぎたなあ」とか「これをやろうと思っていたのに、またできなかった」などといいながら毎日を送っている人は、達成感の少ない毎日を送っている。

「今日は、Aさんに電話をすることと、B社向けの企画書を書きあげる」と決めて、それができたら、夜には達成感を得て、自信がわき出ているだろう。

「今日はリビングの窓をピカピカに拭いて、夕食はシチューをつくろう」と決めて、そのとおりに夜を迎えた時の達成感といったらないだろう。「私って、なかなかできる」と笑みを浮かべているに違いない。

時間管理は、この満足度を得るために行うものなのである。

「今日は何もしないで、計画も立てないで、思いつきで過ごそう」という計画（これもとても具体的な計画である）を立てて、そのように過ごした夜は、「うわー楽しかった。今日は本当にリラックスしたなあ」と満足感いっぱいになれる。

もう、おわかりだと思う。**「なんとなく忙しい」から抜け出す方法は、その日に何をしたいのかといった達成目標を明確にすること。**後で詳しく述べるが、その日にやりたいことをその日の何時何分から何分間くらいで終了したいのかを考え手帳に記入すること。そして、そのとおりに行動すること。これだけで、「なんとなく忙しい」といった感覚からカンタンに抜け出せる。こうした、**自分の毎日の達成目標を決めることを行動計画を立てるという。**

小さな達成感を積み重ねる

「今日は、C企画書を完成させて、A氏とB氏と次回の打ち合わせの日程調整を行う」と事前に行動計画を立てたとしよう。その日が終わった時点で、計画していた二件が完全に完了していたら、達成感がある。ハッピーである。何をやるべきかがわかっていたから、それを達成したかどうかもわかる。だから、喜びが増すのだ。

何も計画していなかったのに、さまざまな仕事を完了できた時は、「まあ、今日はいいできだったかな」「思いがけずいい仕事ができた」といった程度だろう。もしかすると、それでは満足できない欲が出てきて、「本当は、今日は別の企画も立てようと思っていたんだよなあ」などと、満足どころか、不満足を感じてしまうかもしれない。

探しに行った本を、本屋で見つけて、手に入れられた時は非常に嬉しい。あらかじめ欲しい本のタイトルや著者名を知っていたから、本屋に行くという行動の目標が具体的だったといえる。購入する本が明確であれば、本屋の入り口に山のように新刊が並んでいても、自分が欲しい本が見つからなくても、店員に尋ねたりすることで購入できる。

こうした**小さな達成感を大切にして、行動計画を立てていくことが、幸せになる時間管理術の秘訣なのだ。**

「なんとなく忙しい」「また何もできないうちに一日が終わった」などという人は、

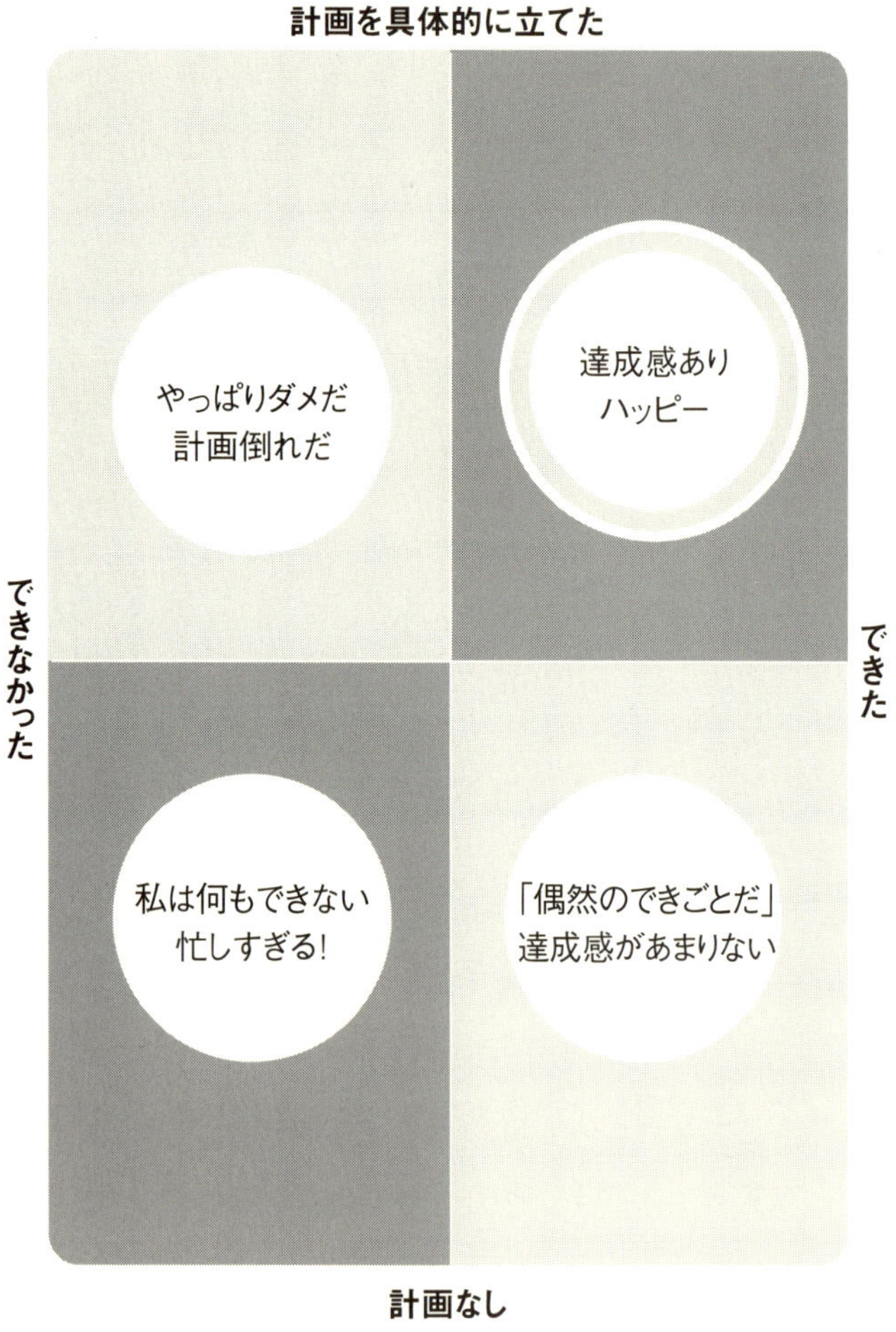
計画を具体的に立てた
やっぱりダメだ
計画倒れだ
達成感あり
ハッピー
できなかった
できた
私は何もできない
忙しすぎる!
「偶然のできごとだ」
達成感があまりない
計画なし

まずは、ひとつでいい。できる分量の目標を具体的に立てて、それをその日に必ず終了する、ということを繰り返すことから始めてみよう。

手帳を書き続けるコツ

イー・ウーマンユニバーシティ講座では、時間管理術の講座を年に数回開催している。その講座に出席された方から、こんな質問があった。

「私は、時間管理がとても大切だと思い、さまざまな本を読んだり、手法を試したりしています。でも、どれも三日坊主になってしまうのです。続ける秘訣は何でしょうか」

私は、こう答えた。

「時間管理というのは、自分がハッピーになるためにするものです。自分の自信が高まり、自分で何でもできるという気持ちになり、前向きになり、毎日の満足度を高めるためにするものなのです。

だから、どんな手帳を使おうが、あるいは、手帳を使わなくてもいい。どんな方法で記入しようが、手法もどれでもいい。**肝心なことは、その日が終わった時に、いい一日だった、と感じることができるかどうか。自分で計画どおりに進んだという達成感があるかどうかです。**

私は、自分自身が時間についてどう考え、どんな風に能動的に時間を捉え、手帳を活用してどんな風に計画を立てたらハッピー度が高まったかがわかっています。それを皆さんにご紹介しているのです。

私が、毎日手帳を活用し続けている理由はただひとつ。この方法で、私自身の満足度が高まるからです。誰でも、嬉しいことは続けようとします。達成感を感じたり、満足感を得たら、それを続けたくなるでしょう。

まずは、できる計画を立ててみて、実行する。それで満足感を得る。それを繰り返しているうちに、自分流の手帳の使い方、時間の使い方を身につけられるのではないでしょうか。毎日毎日、満足感を得ること、そこから始めてみてはどうでしょうか」

つまり、手帳術も時間管理も「よし、うまくいったぞ」という一日の終わり、一週間の終わりの満足感があってはじめて続くものだと思うのだ。人間という動物は、自分に得になることしかしないからだ。

「決められない」の心理

「なんとなく忙しい」タイプの人の特長として、「先のことはまだ決められない」といった発言をする人も多い。

たとえば、「二カ月後にこの案件のプレゼンがあります。来月の半ばに一度会いませんか」と聞いたら、「いいねえ。ぜひ、そうしましょう。じゃあ、まだ来月の予定はわからないから、近くなったら声かけてよ」。

この人の場合、二つのケースが考えられる。ひとつは「戦略的に計画を立てない」ことで、相手との将来の会合を断ることを意図しているケース。もうひとつは、本当にプレゼンのためにミーティングをしたいと考えている「つもり」だが、「私は忙しい人間なんですよ」という気持ちから、無意識に「先の予定はわからない」と発言してしまっているケースである。

前者の人は、意識して言葉を選んでいるし、約束を断りたいという目的からの発言なのでＯＫである。この人は、主役力もあるし、満足度も高いはずだ。しかし、後者の人は、「ああ忙しい」「ああ何もできない」といいながら人生を送るタイプ。自分が「決めない」でいることをすっかり失念していて、無意識に主役を放棄している人だ。

来月の計画を立てるのは誰か？

それは、自分なのである。先に「主役力」の話をした。私たちは、誰もが、自分の時間を自由に使える「主役」、人生のオーナーである。だから、「来月の予定はわからない」というのは筋が通らない。

私は、「言葉は、多くの場合、無意識の中で選択されるので、その人の本心を表す」と信じている。だから、この後者の人の本心を通訳するとこうなる。

「来月会う？　そんなに重要なことじゃなさそうだから、今から計画には入れないよ。私はあなたと違って忙しいですからね。まあ近くなったら声かけてみてよ。多分会わないだろうけど、時間が空いていたら、会えるかもしれないし」

「そんなことはない。本当は会いたいのに、つい、計画を入れるのが苦手なんで、そういってしまうんです」と弁明する人は、「本当?」と自分に問いかけてみよう。

これがもし、「今、次回のプレゼン打ち合わせの日程を決めたなら、無料でパリへの一週間旅行をプレゼントします。往復ファーストクラスで、ホテルは四つ星です」といわれたとしても、同じ返事をするだろうか?

「一カ月先の様子がわからないので、決められない」という返事は、あなたの案件はあまり大事ではないので、「今の時点で時間を確保するほどの意味はない」とあなたが無意識の中で判断したという意味なのである。

主役の自分が、意識なく話しているのだとしたら、もったいないと気づくだろう。

それでもなお、本当に自分は忙しい人間で、先の予定が立てられないと思い込んでいるとしたら……、これはちょっと重症（笑）。

自分の人生は、自分で決める。人生の主役は、自分。それをわかって発言を変え、行動を変えると、「なんとなく忙しい」から抜け出せる。それも一瞬のうちに。

なぜ計画力が重要なのか？

小学生の頃、夏休みといえば、計画を立てた。朝起きる時間、朝食の時間、宿題の時間、おやつの時間……。大人だって、行動計画をしっかり立てたらいい。

二〇〇五年七月に、一〇歳くらいからの子どもたちのために、『計画力おもしろ練習帳』（日本能率協会マネジメントセンター）という本を出した。計画力とは、自分で決めたことが自分でできるようになるいたってシンプルな力だ。子どもの頃からこの計画力を身につけるといいと思っている。

私自身、六歳と一一歳の子どもたちに、毎日のように計画表をつくり、計画の概念を教えてきた。まだまだ、計画倒れもたくさんあるし、その日の気分で波もある。しかし、少しずつ、時間が自分のもので、自分の計画次第でどうにでもなるということを知り始めたように思う。

そんな体験から、この本では、計画力のつけ方を説明するだけではなく、実際に記入できる七週（四九日）間分のスケジュール欄も付けた。三〇分刻みで子どもたちが計画を立てていくためのものだ。

この本を機に、イー・ウーマンユニバーシティ講座ではじめて、小学生、中学生向けの時間管理の講座を開いた。驚くほどにたくさんの子どもたち（親子）からの応募があった。出席したのは、小学校一年生から中学三年生まで。一時間ほどの短い時間だったが、見事に、時間管理、計画力の核を理解し、実践し始めたのだ。正直、子どもたちの理解力に私自身驚くとともに、感激してしまった。

実は、子どもたちのほうが、時間管理の本質をわかっていると思うことがある。たとえば、わが息子（六歳）と娘（一一歳）のそれぞれの練習帳の一ページを見てみると、漢字ドリルのページ番号、算数問題集、日記を書く、囲碁、テレビ、……、と自分がやること、つまり行動がきちんと記入されている（実際にできているか、毎日できているかは、ここでは明言しません：笑）。

一方で、大人たちの手帳はどうだろう。一一時に東京駅北口で高橋さんと会う、二時から営業会議など他人との約束だけが記入されていて、自分がやること、肝心の自分の行動に関してはほとんど書かれていない。

自分が取り組む仕事や行動計画を立てていないのだから、毎日が、どんどん過ぎていく「感じがする」のは当然かもしれない。「やりたいことができなかった」といっている人も、実は「やりたいこと」を明確に計画して手帳に書いていなかった、ということが原因だったりする。そう、手帳とは、自分の行動計画を書くツールなのだ。

「計画力」をつける5ステップ

いつ計画を立てるのか。これは、時間管理を始めようとする人の多くが気になる点のようだ。私も「毎朝、その日の計画を立てるのですか？　何分くらいかかりますか？」などと聞かれることがある。私は、プロジェクトや仕事全体を計画する時にはじっくりと全体の流れや整合性を考えて、逆算法（第5章で詳しく述べます）を使って行動計画に落とし込んでいく。また、毎日次々と入ってくる仕事、依頼される案件はそのつど計画表の中に入れていく。だから、毎日の生活の中で朝などの時間を決めて一日をプランするということはしていない。書くべきことができた時に、そのつど書いている。

自分が絶対にやるぞと決めたことは、先に時間を確保することが大切だ。それを「自分との約束」という。誰よりも先に、自分が自分の時間を予約しておくのだ。たとえば、日曜日に映画を見に行きたいとして、それが絶対、その日に見なくてはならないなら、その行動計画を手帳に書く。

私は長年行動計画を立ててきているので、よほど複雑で大きなもの以外は、全体像を描き、ひとつひとつの行動要素を明確にし、時間的な行動の順番や優先順位を考えて、それを手帳に書き入れていくということが頭の中でできるようになった。

しかし、これから始めようという人には、ちょっと紙に書き出してみるのもいいのかもしれない。子ども向けの『計画力おもしろ練習帳』は、大変好評なのだが、驚いたことに、子どもだけでなく大人たちにも、計画を立てるための7ステップが非常に有益だったと感想をいただいた。

そこで、ここでは、この7ステップを大人向けに5ステップに改良し、計画を立てるための基礎スキルとして紹介しよう。

●『計画力おもしろ練習帳』の7ステップ

ステップ1 **どんなことをやりたい？**
バラバラ作戦で、やりたいことを1つずつ書き出す

ステップ2 **数字に「変身」させよう！**
何回に分けられる？　どのくらいかかる？　いつまで？

ステップ3 **順番をつけていこう！**
計画を立てる順番に3つのグループに分ける

ステップ4 **計画表に書いてみよう！**
まずは、「決まっていること」を先に書く

ステップ5 **使える日は何日あるかな？**
引き算で使える日を計算する

ステップ6 **計画は楽しいパズル合わせ！**
空いている時間に行動計画を書き込む

ステップ7 **キミが主役。やり直してもOK！**
次の日以後の空いている時間に移すだけ

↓

●大人向け5ステップ

ステップ1 やりたいことをひとつひとつ明確にする

ステップ2 数字に「変身」させる

ステップ3 優先順位をつける

ステップ4 使える日は何日あるか具体的に数える

ステップ5 手帳に書き入れる

ステップ1　やりたいことをひとつひとつ明確にする

「今日やりたい仕事」「今週やらなくちゃと思っていること」「毎週やりたいと思っていること」「年内にはやりたいこと」「年度末までにやるべきこと」など、いろいろなことで頭の中がいっぱいになって、結局どれもできないという人がいるかもしれない。

そういう人は、頭の中は計画や夢がいっぱいなのに、行動となかなか一致しないから、気ぜわしい。その複雑さをといていくには、頭の中につまっている、やりたいことが全部でどれくらいあるのかを見てみるといい。ごちゃごちゃいっぱいある「やりたいこと」を全部細かく書き出してみるのだ。

子どもたちには、これを名づけて「**バラバラ作戦**」と呼んだ。「バラバラ作戦」とは、**頭の中にあることを、ひとつひとつ書き出して、見える形にしてみることだ。**

やり方はいたってカンタン。思いついた順番でいいので、「やりたい」ことをひとつずつ紙に書き出してみる。何でもいい。どんなに大きなことでも、小さなことでもいい。

たとえば、「お正月に海外旅行がしたい」「毎月本を二冊読む」「部屋の掃除」「来年度の新規事業を計画する」「英語の勉強をする」など、行動の規模も関係なく書き出して欲しい。

この書き出した紙は、最後には必要なくなるので、いらない紙に書いて欲しい。丁寧に書く必要もない。思いつくままでいい。とにかく書き出してみる。「やりたいこと」も、「やらなきゃいけないこと」も書く。「できたらうれしいなあということ」も書いてみる。

ここで大切なことは、いつまでも書き出し続けないことだ（笑）。佐々木の本に書いてあったと、毎日毎日やりたいことを考えて書き出しているのでは夢見る人となってしまう。たとえば、今から三〇分くらいとある程度の時間を決めて書き出してみることが大切だ。

行動するためにも、今思いつくことを最優先して進んでみよう。もし明日以後加えたいことがあったら、その時にまた、同じ方法でリストにしてみるといい。きっと繰り返すうちに、私のようにリストにしなくても、直接手帳に記入できるようになる。

ステップ2　数字に「変身」させる

やりたいこと、やらなきゃいけないことなどが書き出せたら、次は、**それを数字に変身させる。行動の分量を数値化する、ということだ。行動の全体量をイメージするために、バラバラに分解して数字にしてみる必要があるのだ。**

たとえば、「来年度の新規事業を計画する」という「やりたいこと」を書いた人は、それはどのくらいの時間がかかるだろうか、と考えてみる。一〇時間くらい必要だとしたら、それは一度に連続して欲しいのか、それとも二時間ずつ五回欲しいのかなどを具体的に考えて書いてみる。

「毎月本を二冊読む」も一回にかける時間とその回数を書いてみる。本を選んだり購入する時間も確保が必要かもしれない。行動計画を立てるうえでは、「二冊読む」という目標が具体的に見えるのは錯覚である。二〇〇ページの書籍なら、自分がどのくらいのペースで読めるのかを認識したうえで、計画を立てる必要がある。仮に一冊を四時間で読めるとしたら、二冊分で合計八時間を一カ月の間に確保すればいいことがわかる。

数値化する時には八時間となるのだが、一時間を八回ではなく、二時間を四回が読みやすいという場合は、二時間四回といった表記で数値化していく。

「部屋の掃除」はどのくらいの時間が必要か。「英語の勉強をする」のは、どのくらいの時間勉強したいのか。英語を毎日やりたいと思ったら、数字ではなく「毎日」と書けばいい。それも数値化と同じ意味をなす。そして、毎日英語を何分勉強するのかを明確にする。

こうして「やりたいこと」といった、漠然としたものを時間数や回数で表現してみると、自分の人生という時間の中でどれだけ必要かがだんだん見えてくる。

ステップ3　優先順位をつける

山のようにやりたいことが書き出せた人は、これが順不同で頭に詰め込まれていたことを考えてみて欲しい。どうりで物事が整理できないはずだ。あまりにも大小さまざま、長短さまざまな期待が入り混じっている。これを常時記憶して、勘によって引き出しながら行動していたと思うと無駄が多いのもうなずける。これらを頭から出し、行動に変え、成果に結びつけてこそ、意味がある。

それでは、書き出した行動ひとつひとつを見ながら、順位づけをしていこう。

行動計画を立てる際、計画に入れる順番を間違えると、せっかく計画を立ててもやりたいことが実現できなかったりする。だから、順序よく計画を立てることが必要なのだ。

まず、重要度の高低と緊急かいつでもOKかを考える。**重要度の高いものとは、他人と約束していること、公に発表していることなどになる。**

重要度が高くて緊急なことが「①」、重要度が低くて緊急なことが「②」、重要度が高くていつでもOKなことが「③」、重要度が低くていつでもOKなことが「④」。

先ほど書き出したやりたいことを、ひとつひとつ①～④まで番号をつけてみる。

たとえば、「次年度事業計画を立てる」「新著を書き上げる」「A社との商談」「泳ぐ」「部屋を片づける」「フリーマーケットに出す」「子どもの合宿のための寝袋を買う」「子どもの家庭教師を見つける」などを私が書き出したとすると、それぞれ、

緊急
2
1
重要度　低
重要度　高
4
3
いつでもOK

「次年度事業計画を立てる」①
「新著を書き上げる」③
「A社との商談」①
「泳ぐ」④
「部屋を片づける」②
「フリーマーケットに出す」④
「子どもの合宿のための寝袋を買う」①
「子どもの家庭教師を見つける」③

などとなる。同じ項目でも、当然のことながら、人によって優先順位は違ってくる。

優先順位というのは、行動計画を立てる順番である。実際の生活や行動の中では、①が入り組んでくる。①が最後まで終わらないと④をやらないというのではなく、①が確実に行動できるように自分の時間を確保していく順番を優先順位という。

優先順位の低いものを先に計画に入れてしまうと、高いもののための時間が足りなくなる可能性があるからだ。つまり、もうひとつの視点に立つと、一度計画に入れたものを優先するということが大切なのである。「これ、やっぱり後回しにしようかな」などと行動計画を必要もないのにずらしてしまうのでは、優先順位がないも同じだ。自分と約束し、それを守ることが大切なのだ。

ステップ4　使える日は何日あるか具体的に数える

今日が十一月二十八日（月）で、「一月二十五日（水）のイー・ウーマン法人企業様向け女性活用戦略セミナーに一〇〇人のお客様をお招きする」を目標に掲げた時の行動計画は、どう立てていくか。

まずは、受付締め切り、つまり目標達成日を設定する。開催日当日がゴールではないはず。仮に一月十八日（水）を締め切りと設定してみる。

ここで考えるべきは、今からゴールまでに何日あるのか、という「持ち時間」を確認することだ。行動計画は、持ち時間を理解したうえで立てていく。

年末年始が入るので、要注意である。十二月二十九日まで出社し、一月四日から仕事を始めるとすれば、計画を立てている「今日」を除き、十一月二十九日から一月十八日までは、全部で平日が三二日間となる。

「だいたい二カ月先のセミナー」と頭に思い浮かべていると六〇日間持っている気がしてくるが、実際はその半分だということがわかる。ここが重要である。

集客担当が三人だとすると、一〇〇人達成への担当者一人ずつの目標合計が「100人÷3人」となる。そして、それを達成するために与えられている日数が三二日間となると、「100人÷3人÷32日」となる。つまり、「担当者が明日から毎日一人ずつ参加企業を決定したとしても、目標達成できない」ことがわかるのである。

各担当者は、こうした数字を見てはじめて、自分の行動計画の中に、「毎日一人以上の申し込みを受ける」ことを入れていく。

「持ち時間」がどのくらいあるかを見ることは、行動計画を立てる中で大変重要なことなのである。もしかすると営業日は三二日間あっても、実は自分は顧客主催のイベントにある一日顔を出そうと考えていたなら、自分の持ち時間は、さらにマイナス一日となることもわかってくるだろうからだ。

ただし実際は、これではあまりにリスクが高い。申し込み期限ぎりぎりの日まで数えての計画は、営業担当なら立てないかもしれない。三人の担当者が達成目標日前日までかかる行動計画を立てたら、通常は認められないだろう。自分で中間目標を立て、前倒しの計画を立てることになる。

私が本を書く場合には、どのように計画を立てるか。今日が一月十日（火）、締切日として二月二十八日（火）の提案を受けたとしよう。だいたい本を一冊書くための目標仕上がり文字数が一二万文字で、一時間に最低二〇〇〇文字書くと仮定すると「12万字÷２０００字＝60」、六〇時間で第一校をあげられることになる。一日三時間書くならば二〇日間ということだ。一日二時間なら三〇日間。

一月十一日（水）から二月二十八日（火）までに六〇時間を確保する、ということが最低必要な行動計画の枠組みとなる。

また、一回の執筆に、本の場合は最低二時間の継続した時間が欲しい。私は、二時間以上連続で取れる日を、手帳をめくりながら確認していく。平日の場合、執筆に当てられる時間は唯一朝四時から六時の二時間。

週末も、講演などが入っていたら使える時間が少なくなるし、子どもとの時間も優先順位が高い。また金曜日は、フジテレビの「とくダネ！」に出演させていただいているので朝の時間は使えない。その他に一日くらい予定に入れない平日の朝をつくらないと、何かの緊急事態が起きた時に融通の利かない計画になってしまう。リスク管理である。

数えると、平日の使える日が二一日。週末を予備日にしながら、すべての日に四〇〇〇文字ずつ書き進んでいったとしても九日足りない。可能なら三月二十日（月）の締め切りにならないか、出版社と交渉する必要性が見えてくる。変更が不可能な場合は、二月二十八日（火）までに終了するように、計画に入れていない予備日を減らしたり、平日少し長めに時間をとる工夫をしてみるわけだ。

「持ち時間を具体的にする」というのは、このように具体的に日数、時間を数えてみることをいう。

もうひとつの事例で考えてみよう。「次年度事業計画を立てる」は、三〇時間かけて第一案をつくり、一月二十三日（月）の役員会にて説明し、修正を入れて二月二十日（月）の役員会で承諾を得て、二月二十七日（月）に全社員に発表する、という風にバラバラにして数値化してみた。

「次年度事業計画を立てる」が、優先順位①である理由は、こうしてヒアリングをしたり、役員会を通したりして、社員に発表する案件なので、自分だけの都合でスケジュールを変えることができない仕事だからだ。**他人との調整をしながら行動計画を立てる案件は、必ず優先順位が一番高くなる。**

最初の三〇時間の中には、自分一人が調査し考えるだけでなく、外部の人にヒアリングをしたり、アドバイスをもらったりする時間が含まれている。

そうすると、まずは、最初の目標日である一月二十三日（月）の役員会までに三〇時間を確保することから始める。今日が十二月二十一日であれば、年末年始の休暇を除いて一五日間ある。その中で三〇時間をつくるのだから、一日二時間ずつなら、毎日やることになる。

しかし、忙しい年末年始にこの計画はリスクが高い。三日くらいは予備日が欲しい。そこで、三〇時間÷一二日＝二時間あまり六時間。平日の午前中に二時間ずつ、残りの六時間を外部の人たちのヒアリング用と考え、午後の時間を確保する。これは相手によって変動する時間だから、最終的にどこに決定するかはわからないが、まずは自分の予定として具体的に日時を決めておくことが必要なのだ。

ステップ5　手帳に書き入れる

やりたいこと、やらなきゃいけないことの全体像が見えて、それぞれをひとつひとつの具体的な行動に分解でき、各行動を数値化できたら、いよいよ実際の手帳に書くステージになる。

多くの「夢を実現する」「目標を達成する」ための本や教えでも、紙に書く重要性や、書き出したものを壁に貼っておいて毎日見る、手帳の別ページに「私の目標！」などと書くことをすすめている。

しかし、人生脚本であり、自分の行動計画を一元化して書いてある手帳のスケジュール欄に、具体的に書き入れていないということは、いつになっても行動しないということ。**やりたいことや夢を「いつ」行動するのかを決めて、手帳に書くことが何より実現への近道ということだ。**自分のアクションプランとして時間を決めて、具体的に行動計画を時間軸の中に書いていくことで実際の行動に移しやすくなるのだ。これがポイントだ。では、早速書いてみよう。

ここからは、パズル合わせのようなものだ。三〇分単位になっている手帳に、自分の決めた「やりたいこと」を実際に行動するために、**自分に対して、自分の時間を予約していく**。どんなにやりたいことを明確に具体的にしても、それを、何日の何時何分から始めるのかを決めて、その時間を予約しておかなくては、いっこうに行動に移せない。

実際にその時間に書き入れていくというのが、とても大切なプロセスだ。**人生脚本に組み入れてこそ、「やりたいこと」や「計画したこと」が「行動計画」になり「実現」する**。

行動計画を書き込んでいく順番は、ステップ3で書いた優先順位の順番。**優先順位とは、先に予約する権利を持っている、という意味**なので、まず自分の時間を最初に確保する。

①と書いた案件は、絶対に守らなくてはならないこと。最初に手帳に記入していく。書く時には、ステップ4で計算した持ち時間を考慮に入れる。今日の時点から書き入れていくか、逆に締切日や目標日から今日に遡って書き入れるか、やりやすいほうでいい。

空いている時間に当てはめていくのは、**パズルをはめていくのと同じ。ちょっとしたゲーム感覚で頭の体操にもなるし楽しい**。

どの日に入れようかな、どの時間帯を確保しようかなと楽しく考えながら、計画表に書いていく。優先順位の高い①をつけた案件が複数ある人は、その中でも特に数値化した数字の多いものから入れていく。

たとえば、毎日やるべきことは、何よりも先に時間を確保する必要がある。二〇回で完了する案件は、同じ期間中に三回やればよい案件よりも先に時間を確保する必要がある。優先順位の高い順番、そしてその中でも多くの回数を必要とする案件を先に予約していくのである。つまり、先に時間を確保しておかないと融通が利かなくなるものの時間を先に予約してしまうということだ。

以上が、大人向け「計画力」をつける5ステップだ。これを繰り返し行うことで、「やりたいこと」「やらなきゃいけないこと」が次々とできるようになる。次にもう少し日常的な書き方を見ていこう。

◯と線の組み合わせで書く

ステップ4で説明した「次年度事業計画を立てる」を例に説明する。

「次年度事業計画を立てる」は、三〇時間かけて第一案をつくり、一月二十三日（月）の役員会にて説明し、修正を入れて二月二十日（月）の役員会で承諾を得て、二月二十七日（月）に全社員に発表する、というものだった。

まず、明日の十二月二十二日（木）の九時から一一時の欄に記入例3のように「◯」を書き、線を縦に引いて二時間を確保する。

私は、手帳は「読む」より「見る」ことを意識しているので、パッと見てわかる、つまり視覚的に頭に入ってくるように書くことを心がけている。行動の始まりの時刻と必要な時間の量がパッと見てわかるようにと私が工夫していきついたのが、この◯と線の組み合わせなのだ。行動計画には、たいてい時間の幅がある。会議でも一〇時スタートで一一時終了など、最初と終わりがあるわけだ。その時間幅を一目で見てわかるように、◯と線でその時間帯をくくるという書き方だ。この方法で、

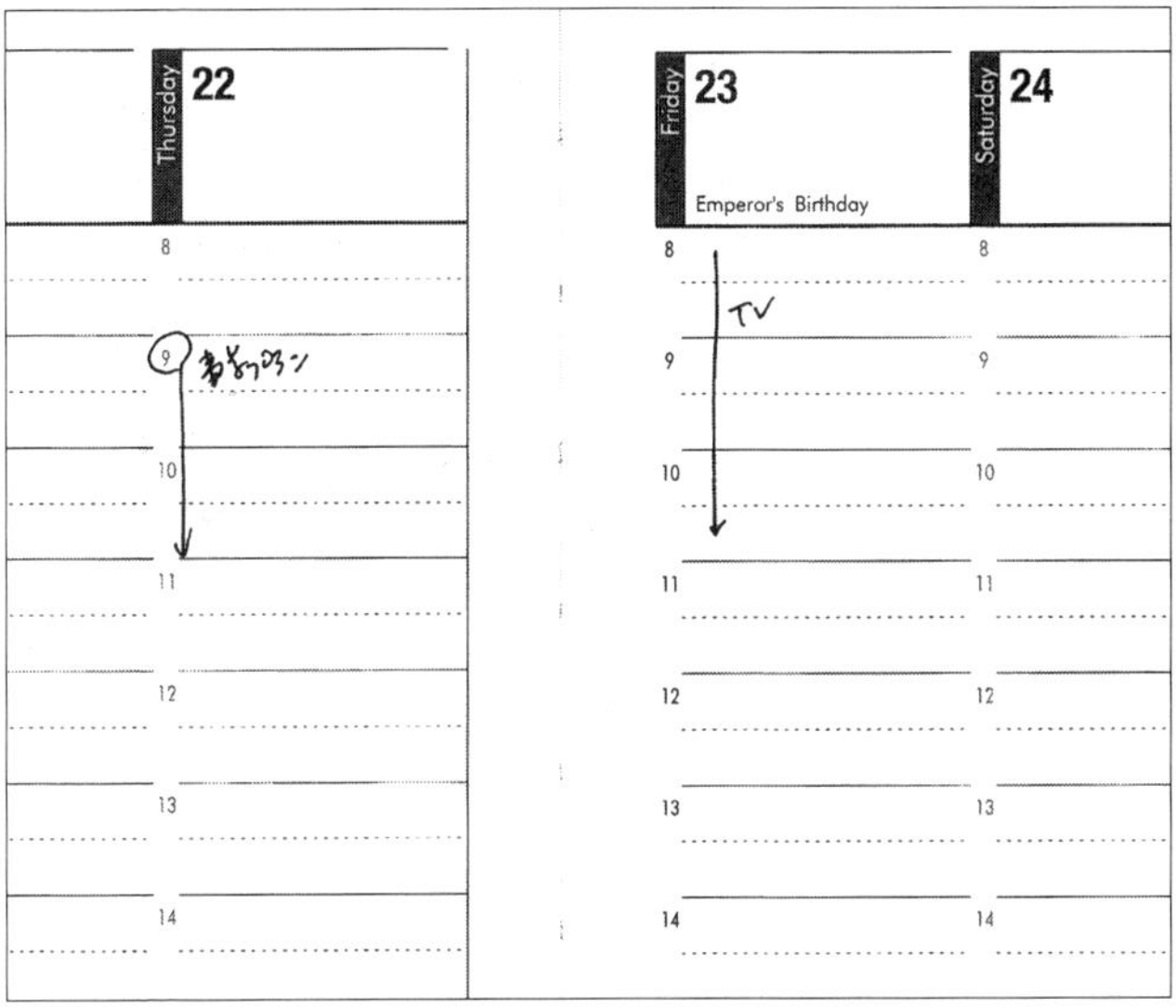

●記入例3　「タイムデザイナー2006」より

一日目にあたる二十二日を記入したが、翌十二月二十三日（祝・金）は、その時間にすでにテレビ番組の出演予定が書いてある。別の案件で確保されているのでこの日のこの時間は書けない。その日を飛ばして次の週から一月の三週目までに、一一回、午前中二時間を確保するように一ページずつ開き、すべての日の九時から一一時の欄に○と線で記入。合計時間に足りない部分は、午後の二時間を三回確保して、合計三○時間が確保できた。

次は、一月二十三日から二月二十日。一月二十三日の役員会の結果が出ないと、その後どのくらいの時間が必要になるのかがわからないのだが、自分としては、何より優先順位の高い案件。そんな風に不確定な要素がたくさんあるが、時間を十分にとっておく必要のあるものの場合、私は、何に使ってもいいからと自分の時間を予約しておく。目的なく予約（ブロック）しても、後日何のための時間かが不明になるので、手帳にはもちろん想定される案件名を書いておく。今回は、たとえば、火・水・木曜続けて週三日午前中の二時間を二月十九日まで確保しておく。これは、もしかするとキャンセルをするかもしれない予約だが、自分自身の時間を優先的に確保しておく必要があるのだ。

二月二十日から二月二十七日も基本的には同じだが、日数が少ないので、二時間ではすまない場合も考えられる。私なら、ここでも十分に自分の時間を予約。二月二十一日（火）から二十四日（金）までのすべての午前中を確保する。金曜日の午前中はすでに先約があるので、二十四日のみ、午後をすべて確保しておく。

いくら自分の時間の予約といっても、むやみに、または好き勝手に時間帯を選ぶのは効率が悪い。日常の流れを知っておくのも大切なことだ。私自身は午後の時間帯になると、会社のスタッフから「ちょっと急ぎの相談です」「来週月曜日のことなんですけど」などと飛込み要件が入ってくる可能性が高いし、早寝早起きの私は夕方になると頭の回転もだんだんと遅くなる。だから、準備の最後の日が金曜日の午後となってしまった場合は、ちょっと長めに確保しておく。週の最終日であることも考えると、緊急案件や相談が飛び込んできて、準備だけに専念できる可能性が低いからだ。しかし、予約をしておくことで来客などの他の案件を入れることはなくなる。今の時点では、二月二十四日（金）は午後すべてを事業計画のために確保することにする。

これで、二月二十七日のプレゼンのための時間確保は万全ということになる。

移動時間も行動計画

「計画力」をつける5ステップは、計画を立てる基本的な考え方だ。だが、毎日、「やりたいこと」「やらなきゃいけないこと」ができるたびに裏紙に書き出して、バラバラにして、数値化して……、というのは実践的ではないと思われるかもしれない。大きなプロジェクトの際に少しじっくり書き出すなどのことをしたら、日常は実践。さまざまな出来事を頭の中で整理しながら行動計画を直接手帳に書いていくのが良いだろう。「さて、今日の行動計画を立てよう」などと朝ゆっくり考えるという時間がとれる人、または、それをするのがハッピーな人は毎朝計画を立てるのも良いかもしれないが、私のおススメは、**「やりたいこと」「やらなきゃいけないこと」ができたら、「そのつど」書き入れること**。

たとえば、会議の連絡が来た時を例にすると、二時からの会議であったら、手帳のその日付のところを見る。まだ計画が何も入っていなければ、私は二時の数字に丸をつける（アクションプランナーでは「2」、タイムデザイナーでは「14」の表記）。

多くの人が「会議は二時からです」と知らせるが、何時までかということを教えてくれない。一時間だろうと思っていると二時間だったり、前回三時間だったと思うと一時間で終わったり。だから、終わりを確認しておいたほうが、自分の「持ち時間」を把握しやすい。相手に「どのくらいの時間が必要ですか？」とたずねて情報をもらう。

会議が二時から三時三〇分までだとすると、私は記入例4のように、二時から三時三〇分まで矢印を書く。これによって、仕事中に次の予定を確認しようと「チラ

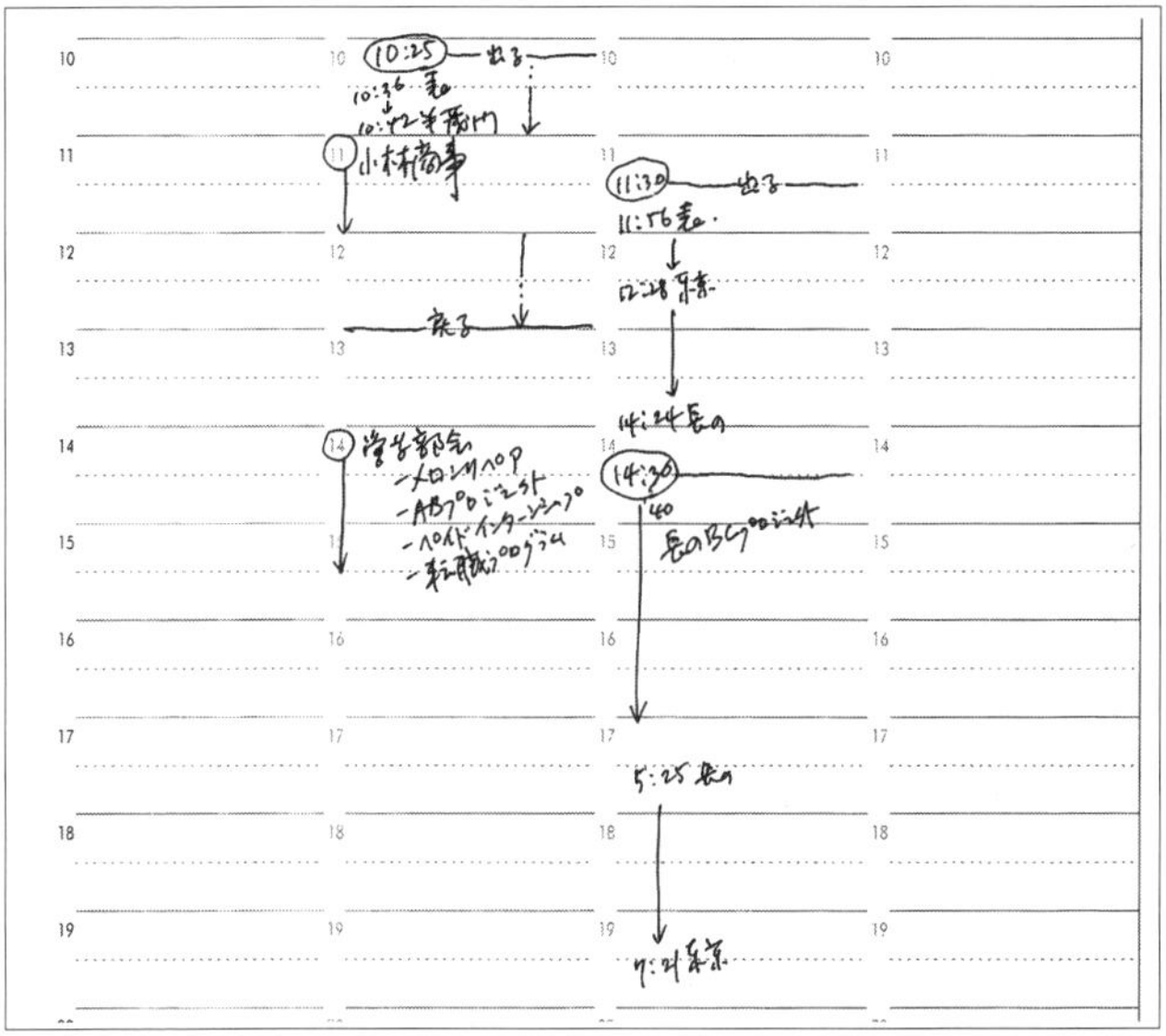

記入例4　「タイムデザイナー2006」より

り」と手帳を見た時に、文字を読まなくても、二時から三時三〇分に用件があることが視覚的にわかる。

そして、その九〇分、つまり三〇分三ブロック分に、「営業部会」などと会議名を書く。細かいことだが、私はその三つのブロックの空欄の上のほうに会議名を書き、下のほうを空けておく。なぜかというと、その下に、その当日に会議で話す内容（アジェンダ）や日常の中で思いついた企画案などを、その会議の日までにメモしていくことが多いからだ。

移動時間もしっかり行動計画に入れて自分の時間を予約する。もしも、顧客先に一一時に訪問するような場合は、「11」を丸で囲み、「小林商事」と書くが、それだけでは「行動」が計画できない。いつオフィスを出たらよいのかが不明だからだ。

小林商事の場所を調べる必要がある。住所を調べるのではなくて、行き方、つまり交通手段と所要時間を調べなくてはならない。一五分前に出て徒歩なのか、六〇分前に出るのか、など明確にしたい。電車の時刻表や乗り換え案内もインターネットの無料サービスを活用できるので、それで調べる。

小林商事の場所が、地下鉄半蔵門駅から徒歩五分ということがわかった。地下鉄の時刻表をインターネットで検索してみると、一〇時三六分に表参道駅を出る半蔵門線に乗ると、一〇時四二分に半蔵門駅に着く。五分歩いても、一〇分前には先方の会社に着きそうだ。

そこで、手帳には、一〇時三〇分の脇に、「10：25出る」とオフィスを何分に出るかの時刻を書いておく。そして、「10：36表参道、10：42半蔵門」と地下鉄の発着時刻を書いておく。そうすると、分単位で、行動計画が立つだけでなく、具体的な行動計画で安心できるし、手帳にちょっと目をやるだけで、自分の行動が見えるようになる。

もし手帳に会議が始まる一一時としか書いていないと、先方が来社してくださるのかと、うっかり一〇時からの仕事を入れてしまう恐れもあるし、出発時刻を決めていないと「多分、近いから一〇時半ごろ出発」と頭で想像するだけで、一〇時三六分の電車に乗り遅れるかもしれない。

このように電車の時刻を明確にしておくのは、さまざまなところで役に立つ。新幹線で行く仕事は、特にそうだ。「長野県での打ち合わせが一四時三〇分から開始だが、出席できるか」と問い合わせを受けたとしよう。

検索すると、表参道一一時五六分発の地下鉄に乗り、乗り換えて東京駅に行き、一二時二八分発の新幹線に乗ると一四時二四分に長野駅に到着するとわかる。

しかし、会議は一四時三〇分からなので、一〇分ほど遅刻してしまう。これではダメだから一本早い電車でと思ったら、今度は一三時四二分長野着になってしまう。これでは、三〇分以上空いてしまう。会議に早く着いても時間がもったいない！と思ってしまう。

こんなことがわかったら、計画の時点で先方に電車の到着時刻をお話して、会議のスタートを一四時四〇分からに変更していただくとか、十四時スタートにしていただくなど、何らかの提案が事前にできるだろう。これもひとつの時間管理。無駄な空き時間削減に役立つ。

仮の予定はどう書くか

自分ひとりで達成するものは、すでに自分との予約の仕方を書いた。しかし、不確定要素の高いものに他人との仮約束がある。それも自分より身分の高い立場の人と会うなどの予定は、決定までの間、少しの時間何箇所も確保して待つことがある。そんな時には、どう書いていくか。

大切なクライアントが次回の取引の打ち合わせとして、あなたに、一一月下旬に来訪して欲しいといっているとする。先方の担当者が、「今度は部長も同席させたいので、二〜三、ご都合の良い時間をお知らせくださいますか。部長の予定を確認してからご連絡いたします」といってくれた。さて、どうするか。

私ならば、自分の手帳を見て、空いている時間帯を長めに伝える。

十一月二十一日（月）一四時〜一八時
十一月二十二日（火）一五時〜一八時
十一月二十四日（木）一〇時〜一五時

そして、この時に、自分の手帳の三箇所に鉛筆で書いておく。

一二時間分の時間を今は押さえたが、これは仮押さえ。これらの予約は、後で、どこか一時間のみ必要になるものだ。移動時間を入れても三時間くらい。大切な案件で相手の方に選びやすくと思えば、長めに時間を仮押さえする。仮押さえでも自分の手帳にそれをメモしておかないと、返事待ちの間にうっかり別の計画を入れてしまうことがある。先方に「空いています」と伝えておいたのに運悪く、先方から選んでもらった時間がすでに埋まってしまったというのでは申し訳ない。だから、自分でどこが「空いています」と答えたかを手帳に書いておくのだ。鉛筆で欄のほうに書いておけば、一目で「仮」計画だとわかるし後で消せる。

これは、こんな場合にも役立つ。たとえば、ある大阪の企業から女性幹部育成の研修を依頼されたとしよう。「三月二十日（月）か二十二日（水）なのですが、二週間ほどで日程が決定しますので、空けておいていただけますか。どちらにせよ、

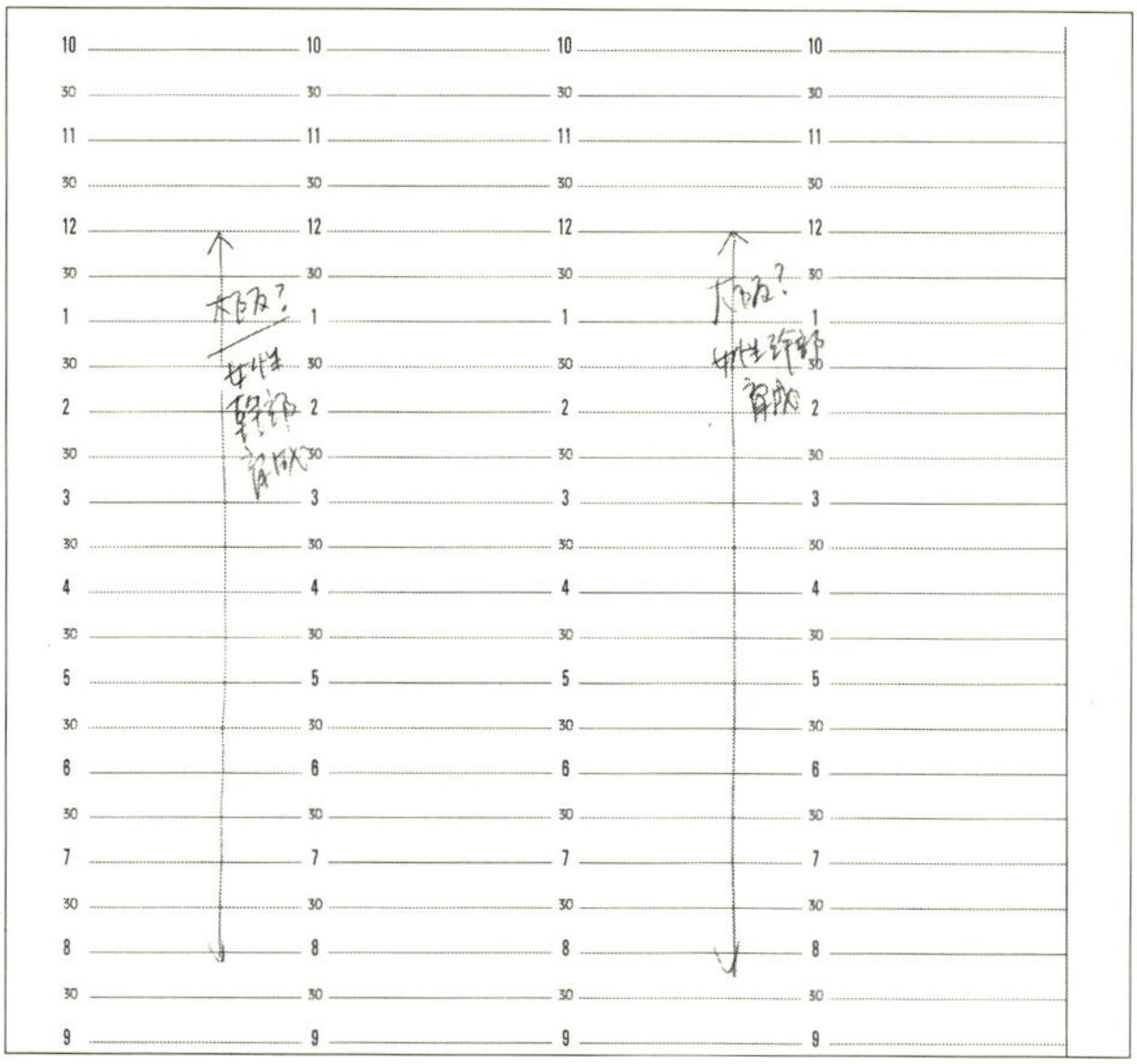

●**記入例5**　「アクションプランナー2006」より

時間は五時から七時です」と頼まれた。この場合は、この二日間の五時から七時までの時間をとっておくだけでなく、新幹線の移動も調べて午後からとっておく（記入例5）。そして、今から二週間後の返事をもらう日には、「□3月20・22日の件で返事がくる」と書いておく。鉛筆ででも仮押さえで「大阪」と書いてあると、偶然大阪の企業から商談が持ち込まれ、「もし大阪に来られる時には、ぜひお会いしましょう」といわれたら、すかさず、「予定があるんですが、たとえば、三月二十日か二十二日あたりは、いかがでしょうか？」と質問できる。

「仮の予定」というのは、想像以上に大切な記録なのである。

チェックリストはつくらない

手帳の使い方とか時間の上手な使い方というと、「チェックリストをつくる」「やることとリストをつくる」「TO　DOリストをつくる」ことを提案しているものも多いようだ。わざわざ□が並んでいるページがあったりする。実際、私もシステム手帳で、その機能を活用しようと試みたことがある。しかし、うまくいかない。リストは上手に書けるのだが、実際にそのリストに書いたものを実行できないのだ。「毎朝、その日にすべきことを書き出して□を書いているけれど、できないものが多い。どうしたらよいでしょうか?」という質問も多い。律儀な人ほど、この「やることとリスト」に振り回されてしまっているようだ。私もリストばかりが増えていくような気持ちになり、だんだんとやらなくなってしまった。

佐々木流はカンタン。私がいきついたのは、やることリストをつくらない方法。もう少し正確にいうと、頭に思い浮かんだ「やること」を実際の行動に近づけるために、

「やることができたら、「いつやるのか」まで考えを及ばせて、手帳のその日その時間に書き、時間を確保する」ということ。考えた時に「いつ行動するのか」まで考え切れば良いのだ。

手帳は一冊、情報は一元化と先に書いた。同じ手帳の中でもあちこちのページに書いていたのでは、一元化とはいわない。もっというと、手帳は、自分の人生の時間の巻物だった。人生脚本だ。余白があるはずがない。手帳の性質上、ある程度の余白があるので何らかのメモを書くわけだが、時間軸から外れているところに書いていることは行動計画には含まれない。時間軸の中にある文字が行動計画であり、欄外は行動計画外、ということになる。

だから、「やることを書き出すページ」とか、「欄外に今週やるべきことを書き出している」という段階で終わっている人は、なかなかその「やること」ができないはず。それは、なぜか。それは、いつやるかを決めていない、つまり行動計画に入れていなかったからだ。

きっと今でも「やることリスト」は、「やること」が思い浮かんだ時に書き足しているはずだ。たとえば、「娘の誕生日プレゼントを買う」とか、「新幹線のチケット購入」「ビジネスジャケットを買う」などなど。佐々木流は、それらを書く前に、「いつ」もついでに考える。

最近忙しいから、少し早めに「娘の誕生日プレゼントを買わなくちゃ！」と思ったら、手帳を見ると誕生日の十一月十五日は木曜日。その前の週末に買おうか、イヤ、週末だと子どもたちにわかってしまうから、その前がいいなあ。十一月七日（水）は、営業先への訪問が六時までとなっているから、その日は会社に戻らず、直帰することにして子供へのプレゼントを買いに行こう。営業先が渋谷だから、原宿のキデイランドに行こうかな。と、そこまで具体的に頭をめぐらせるのだ。

そして、十一月七日（水）の一八時のところに娘の名前、「みどりへプレゼントキデイランド」などと自分にわかるように短めに書いておく。その時に、「□」――チェックボックスを文章の頭につける。

このように「**やること**」**が頭に浮かんだ時に、いつやるのかまで決めてしまうことでどれだけ思考の効率が上がり、行動計画がスムーズにいくか**。手帳の欄外や、後ろのページに「やることリスト」をつくるより、ずっと実現性が高くなる。つまり、「ハッピーになる」のである。

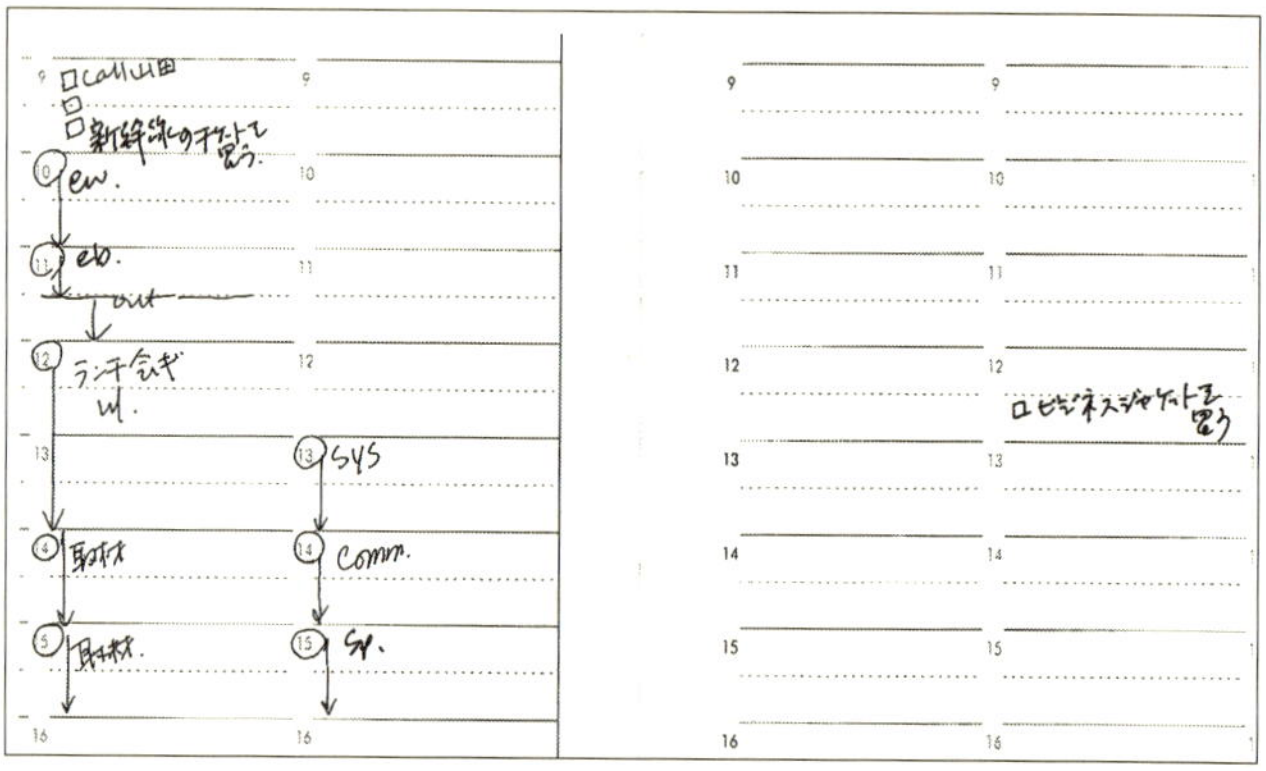

●**記入例6**　「タイムデザイナー2006」より

　同じように、「新幹線のチケット購入」も「ビジネスジャケットを買う」も、何日の何時頃、どの場所で、ということを思い浮かべて、その日のその時間のところに記入するだけで、グンと達成率が上がるのだ（記入例6）。「もしかしたら、その日に実行できないかもしれない」などと思わず、メモをする場所として、ノートの後ろのページではなく、まずはできそうな日のところに書くのだ。

　この時のもうひとつの魔法が、「□」——チェックボックスだ。ほんとうに些細なことのように思うが、行動計画の前に、特に自分に課した行動計画の前には、チェックボックスを書いておくのがいい。終了したら、そのたびに「レ」を書いていく。**目で見た時に達成感を得られ、さらに嬉しくなる。さらに「ハッピーになる」しかけ、ということなのだ。**

目で見えるので、やっていないことがわかるということもある。幸せの方程式「期待している行動＝実際の自分の行動」を思い出して欲しい。自分が自分に何を期待しているのかを明確に言葉にして、いつやるのか時間を配分し決定して、その時間のところに書くことが、実際の自分の行動を導くということだ。繰り返すことで、満足度も高まるし、やる気も増す。ちょっとやってみて欲しい。

クッションの時間が大切

クッションの時間とは、弾力性があり、いろいろと前後のものを吸収してくれる時間。何も計画を入れないで、危機管理のために何かあった時に使えるようにしておく予備の時間のことだ。

計画倒れが多い人の特徴に、自分の時間をぎっちり決めてしまうというケースがある。朝六時に起きてから夜一一時に眠るまで、すべての時間が三〇分単位で事前に計画されていたら、他人から声がかかったり、クライアントからの突然の要求に応えられなくなる。

そのうえ、仕事も生活も一人で動かしているわけではないのに、なぜか精神的には、そういった外部からの要望に応えることが、自分の予定を侵害することのように思えてきたり、自分の「せっかく立てた計画」を邪魔する相手と捉えてしまったりして、心の中で相手を非難するようにもなる。これではチームワークは働かない。「計画を立てるのですが、いつもハプニングがあるので計画どおりに行きません」などと、まるで自分だけが正しく仕事をしているかのような発言をするようになってしまう。本末転倒。**私たちは一人で生きているわけではないのだから、そういったハプニングの対応能力を高めて、計画を立てていくことが重要なのだ。**

そのために必要なのが「クッションの時間」。何か起きた時、対応できるように、計画を入れないでおく予備の時間を用意しておくのだ。この時間に、こぼれた仕事の対応をしたり、予定外の案件に対応したりする。

一日単位ということではないが、目標達成に向けてぎりぎりの計画を立てる人がいるが、これも要注意だ。

たとえば、一月一日から一月一〇日までに九時間必要な案件があったとする。その時の時間の確保の仕方が、一月一日から一月九日までの夕方四時から五時の一時間を連続九回だったとしよう。手法としては正しいのだが、実際には厳しい計画のように感じる。なぜだろうか?

理由のひとつは、大切な案件を一日の半分以上が終わった夕方に入れていること。これは、その日の日中に何か突発の出来事があり夕方できなくなったら、動かす後ろの時間が少ないということだ。

朝の予定は午後に変更しても、その日のうちにできるのだが、夕方の案件は移動しにくい。そのような場所（時間帯）に計画しているうえに、最後の一時間、つまり九時間目が達成日の前日の夕方となると、これはもう危機管理ができていないといわざるをえない。移動させる時間がない場所をはじめから選んでいるからだ。

もし毎日一時間ならば、朝の時間を使うなど、なるべくその日の中でも早い時間帯を選ぶ。これが、リスク管理というものだ。

私なら、一日九〇分など、ちょっと多めに取り組む。九時間必要ということは、五四〇分。これを九〇分で割ったら、六日必要となる。一日から六日まで毎日、午前中に九〇分間取り組むという計画にしておけば、何かハプニングが起きても三日間の余裕がある。

曜日によって流れが違ってもいい

三〇分刻みでの行動計画ということで時間管理セミナーを行うと必ず子どものいる人たちから週末の時間管理の質問を受ける。

二人の子どもがいることもあり、「佐々木さんはお忙しいと思いますが、やはり週末も三〇分単位で掃除や洗濯も含め計画しているのでしょうか？」など。

私の週末は、かなりのんびりした「気分」で週末を過ごしている。週末に、ラジオ出演があったり、研修や講演があったりすることも多いが、基本的に私の週末は子どもたちとの時間を一番の優先課題と考えているので、子どもたちの心の向くままに私は行動するようにしている。平日は三〇分ごとに「自分の時間」を管理し、行動計画を立てているが、週末は違うということだ。時間管理とは、ハッピーになるためにしているのだから、**臨機応変でいい。一番自分がハッピーでいられるように環境を整えていく能力を高めていくといい。**私にとっての週末は、自分の時間を子どもの主導権で過ごす二日間。人生脚本であるから、確かに週末も主役は私に違いないが、週末は主役が二人の脇役の動きに合わせて行動する時間という設定なのである。たとえば、私の週末のページを見てみよう（記入例7）。

子どもたちの囲碁教室。二人がそろって行く土曜日は、送り迎えをしなくていいので、その日の縦枠の中の右端に書いてある。自分の行動と具体的な関係はないが、

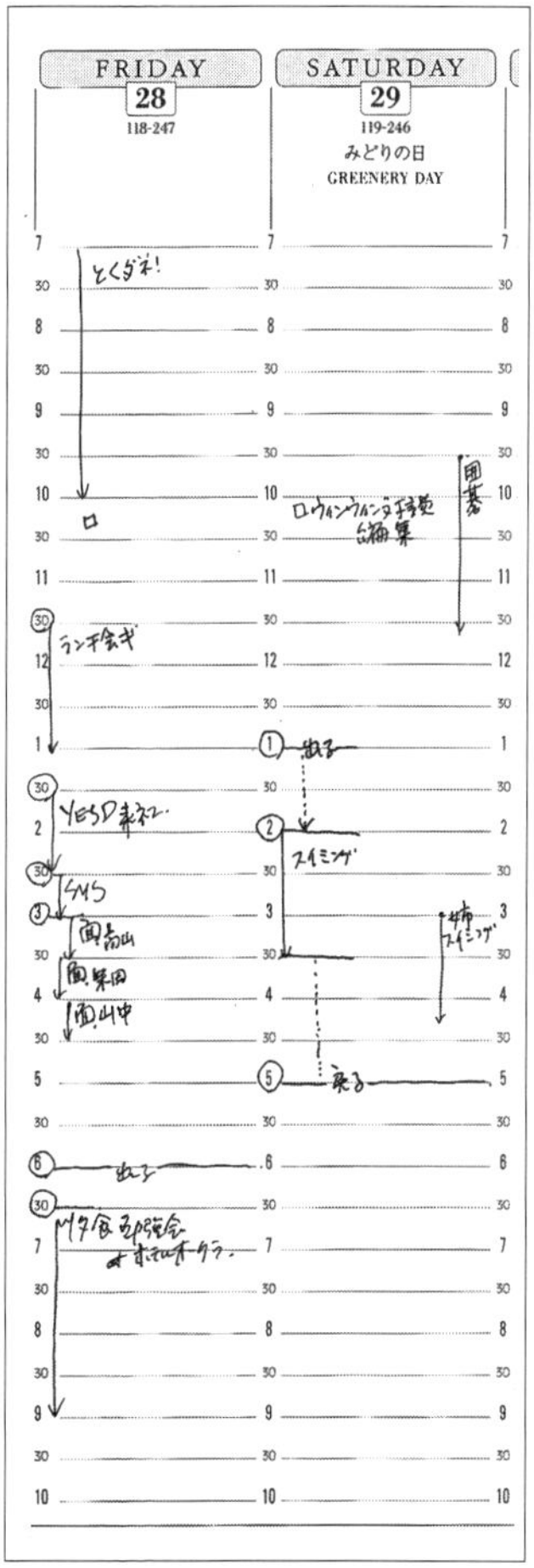

記入例7
「アクションプランナー2006」より

知っておきたいことは、私の場合、右のほうに書いておく。

スイミングなどは、子どもによって行く時間が違うし、下の子の場合は送り迎えが必要だ。そうすると、一時に自宅を出る。五時に自宅に戻るといったことを、私のアクションプランとして記入しておく。

しかし、後の時間には、ほとんど何も書いてない。週末にやらなければならない仕事、原稿の確認などは、土日どちらかで、できそうな時間のところに、チェックボックスで書いておく。どの時間でもいいので、この週末にやろう、という程度の計画にしておく。

だから、私が自分の部屋で本を読んでいる時に子どもが「ねえ、お母さん、こっち来て。一緒にトランプやろうよ」といったら、「いいよ、何する?」といいながら、すぐに本を置いて、子どもたちのところに行く。「子どもの気分でその日を過ごす」というのが私の計画なので、それで私の気分がいいわけである。土日に部屋を片づけようとチェックボックス付きで書いておきながら、できないこともしばしばある。部屋中に、本棚から書類などを出してファイルし直そうと思ったら、子どもに誘われる。数時間子どもと過ごしているうちに夜。朝よりかえって散らかっている自分の部屋。それでも私はストレスを感じないようにして（笑）、子ども優先の週末という私の土日の行動計画どおりであることに満足するのである。

ワーク・ライフ・バランスというのは、自分の精神状態をいう。どの時間も、どちらかのために、自分が主役となって、その時間を使っていると実感したら、バランスがとれていると感じるだろう。

私の場合、仕事でもプライベートでも、どの時間帯も参加一〇〇％で、その取り組んでいることに熱中できるようにしたいと思っている。「本当は別のことがしたいのに」という気持ちで子どもと遊んでいても、子どもにはわかってしまう。遊びの生産性が悪いからだ。だから、どうしても急ぎの仕事がある時は、子どもたちにそれを先にいっておいて、互いに決めた時間帯で遊ぶことにしている。

時間管理の技術を学び、時間管理のひとつのルールを決めたとしても、平日も休日も、緊急時も、バケーションも皆同じに活用しては、うまくいかないだろう。

自分が自分の人生の主役だし、目的は「ハッピーになるため」なのだから、その時々のベストを見つけて、自分の満足度を高めていくようにしよう。

私の場合、休日は、子どもの心の向くままに過ごすことが私のハッピーの度合いを高める。だから、そうしている。掃除の時間なども、よほどの大掃除でない限り、決めていない。私にとって片付けも掃除も、楽しみのひとつだから、好きな時にしている。

時間と行動を紐付けする

私が子どもを産んでわかったことは、子育てという仕事は自分の計画どおりにはいかない場合が多いということだ。

たとえば、出産した直後、「三時間おきにおむつを取り替えよう」とか、「四時間おきにミルクをあげよう」などと計画したとしても、赤ちゃんは今取り替えたばかりのオムツにうんちをしてしまうかもしれないし、四時間たってもぐっすり眠っているかもしれない。または、二時間しかたっていないのに、お腹がすいたと大泣きするかもしれない。

親の都合で子どもは動かない。だから、ある程度柔軟性のある計画を立てておかなければならない。**親でいる体験を通して、「親行」をしている人は、時間管理が急**

激に上達するのである。

「お風呂に入れる」といったことは、ある程度時間が決まっている。産後、「赤ちゃんのお風呂は遅くとも七時までには、入れてあげてくださいね。眠るリズムをつくるためです。大人に合わせて夜遅くにお風呂に入れたりしないでくださいね」と保健婦さんにいわれた。

一人目の赤ちゃんだったこともあり、まじめな私は（笑）、産後は六時半までには自宅に戻るようにしていた。そして七時までにはお風呂に入れる。こういったことは、他の仕事の事情に一切関係なく、「時刻に紐付けされた時間」である。その時刻、その時間帯にやらなくてはならないことなのである。社長として、何が飛び込んでこようが、残業して終わらせてしまいたい仕事があろうが、赤ちゃん最優先である。

この「時刻に紐付けされた時間」は、手帳には一番先に書いておかなくてはならない。絶対に動かせない、最優先事項だからだ。通常の自分の案件は「必要時間数」があって、それをどこでとるかということだ。しかし、子育てだけではないが、案件によっては「この時間帯で必ず」というものがある。それらはほかに移動できないので、先に手帳に書く。

ビジネスの場でも開く手帳だから「赤ちゃんのお風呂」とは書きづらいかもしれない。何かの拍子に、大きなプロジェクトの契約をとる席で手帳を開いた。相手の社長さんが覗き込んで、「明日の夜七時はどうでしょう」といった。「いえ、先約がありまして……」と答えたのはいいが、先方がしっかりこちらの手帳を見ている。そこには「赤ちゃんのお風呂」。これは、ちょっと気まずいかもしれない（気まずくない時代が早く来るといいが）。

まあ、もし私がそのような場面に遭遇したら、それを大きな出来事にして、「やはり、子どものことがしっかりできませんと、仕事もできませんから」などといってしまうかもしれない。

どちらにせよ、自分のために時間を確保することが目的だが、手帳は、どこで開くことになるかもわからない。大きく書かなくていいなら「home」などと家に戻っているようにするという意思がわかるように書いておくとか、「bath」「baby」などと書いておくとか、ちょっと工夫をしてみても楽しいかもしれない。自分との暗号とか。

ポイントは、時間に紐付けされた項目は、先に手帳に書き入れて、自分の時間を確保しておく、ということだ。一番優先順位が高い項目だからである。**優先順位とは、計画表に入れていく順番をいうのであって、重要な度合いとは限らない**。だから当然、時間を指定されている案件が、一番優先順位が高いのである。

自分で、自分の行動と、時間帯との関係性を見つけていくことも、時間管理では大切な技術だ。**どの時間帯に何をしたら、一番成果が出るのかを考えるのである**。

原稿を書くなどの仕事であれば、朝の三〇分で仕事をしようが、夜中の一時間で仕事をしようが自分個人の計画のみによるものだが、その自由に決められる中で、どの時間帯に、どの内容のものを持ってくると一番成果があがるのかを、実験と検証を繰り返しながら、決めていくのである。

私の場合、朝早く起きて、気分よく一日をスタートするので、昼食までの時間は、なるべく一人で仕事に集中できるように時間を確保することを考えている。寝起きの悪い人がいるのに、朝の会合を設けても、会議の生産性が低いだけでなく、自分の生産性が一〇〇％発揮できる機会を持たないということで、機会損失である。だから、午前中は、自分一人で考えて、モノを創り出す時間に当てるようにしている。

午後は、会議、来客、訪問、取材など、さまざまな人との出会いや対話の時間にしている。そのほうが刺激があって嬉しいし、すでに八時間以上働いている自分の能力を引き出してくれる環境だからだ。

それぞれの人の仕事内容やライフスタイルから、自分の行動と時間の関係を見つけ出すことは、大切なことだと考えている。

子どもや部下の予定もメモする

手帳が自分の人生脚本だといっても、そして、人生の主役は自分だといっても、自分だけのことを書けば良いというものでもない。ドラマに登場する大切な人たちの動きも記録しておくと、いいチームプレイができる。

私の手帳には、自分の計画だけではなく、時に家族の動きや、同じ部署のスタッフの動きも一部記入してある。私の行動に関係しそうな動きがあれば、手帳の一週間見開きページの一日の横幅を使って、自分の行動は左側に、他人の動きの中で私に関わりがあるものは、右側に書くようにしているのだ。

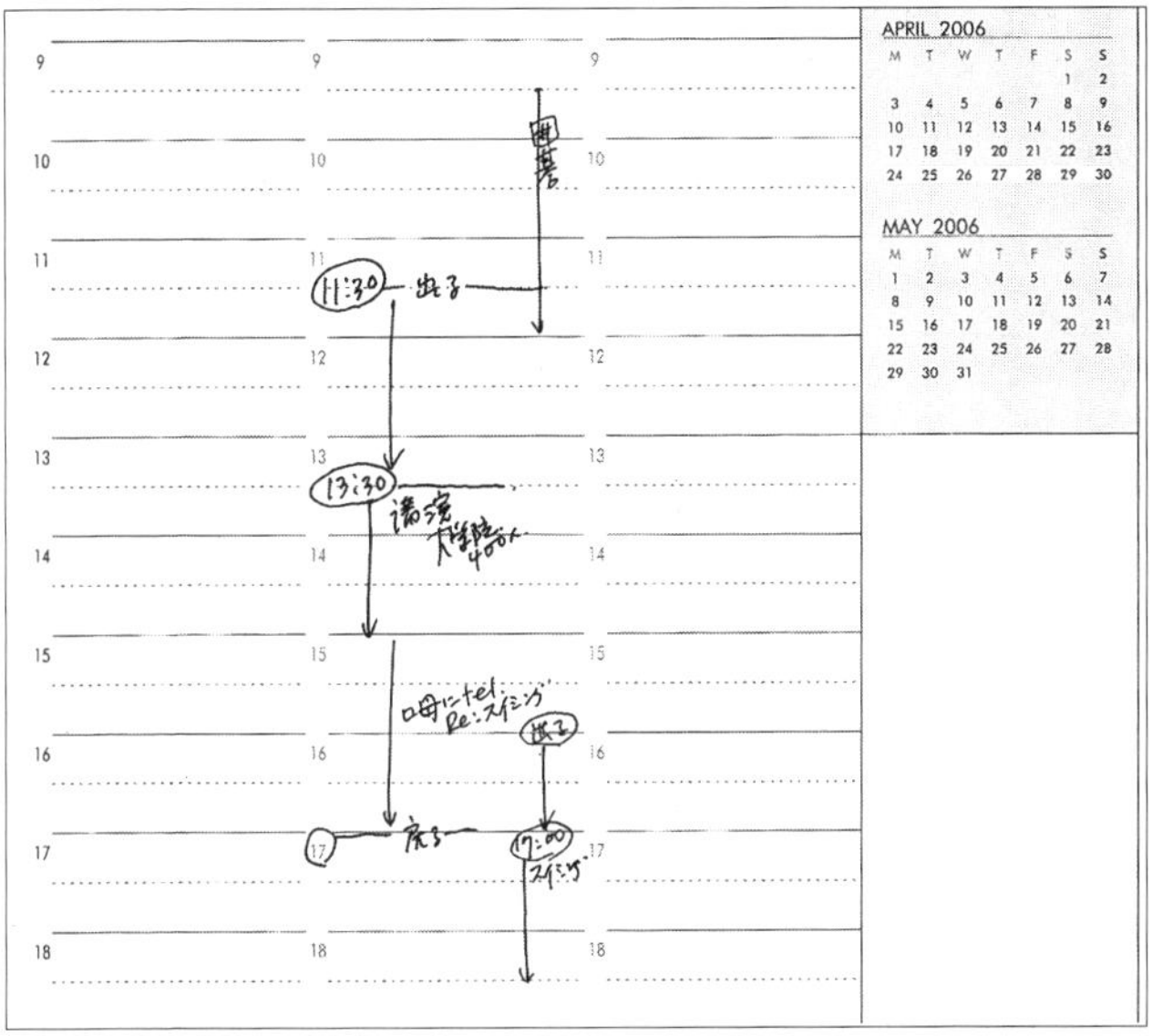

記入例8　「タイムデザイナー2006」より

土曜日に、私の仕事が入っていたとする。講演のために家を一一時三〇分に出て、一三時三〇分〜一五時まで講演をし、その後会場を出て移動。一七時に戻ってくる予定だとしよう。

子どもたちは、私がいなくても、囲碁やスイミングに行く必要があるので、送り迎えなど自分ができないところは、他の人に頼む必要がある。午前中は、私が家を出る前に子どもたちが二人で行ってくれて、帰宅もしてくれるが、午後のスイミングは四時には家を出て送っていかなくてはならない。私が間に合わないことはわかっている。

そこで、私は母に頼む。四時に家を出て連れて行って欲しいと。その場合、私の手帳のその土曜日のところには、自分のスケジュールだけでなく、子どもの予定も書いてある。他人に依頼した事項を忘れないでいい。私は、自分の講演を終え、帰り道、一五時四五分くらいになったら、母に電話して、確認をすることができるからだ。

これが手帳に書いていなかったら、頼んだ後は、忘れていたりするかもしれない。こまめに、その時刻に電話をするなど、できないかもしれない。

職場でも同じだ。私の場合、私が別のお客様に対応中に、スタッフが長くお付き合いいただいているお客様の訪問を受ける、といったことも少なくない。その場合も、自分のスケジュールの横に、こんな風に書いておく。

来社だけではなく、スタッフの訪問先も、重要な案件の場合は記録しておくことも多い。訪問の前までにきちんと準備ができているかなど、声かけを事前にしたり、訪問後の報告をたずねたりするのにも役に立つ。チームメイトや部下のいる人は、特に部下の動きをメモしておくといいチームになるだろう。

行動に変換させ、手帳に記入

ここまで読んできた方は、たいていのことは手帳に書き入れることができるようになっているだろう。自分のやりたいことも、行動計画として時間が確保された。しかし、手帳の使い方として、それだけでいいのか？

決められた予定以外にも、私たちは、さまざまな行動をして一日を過ごしている。たとえば、一月一〇日の昼前後に、仕事の依頼をまず電話でしてみようと思っている人がいるとしよう。チェックボックスを書いて、その相手の名前を書く。いつでもいいのだが、昼休み前にかける予定にすると、一一時三〇分のところに、「□Call　中村　Re：ウィンウィン対談」と書いておく。「Re」とは、Regardの略で、用件のことを意味する。

一月一〇日当日、手帳を開きながら仕事をしていると、一一時半のところに中村さんに電話と書いてある。さっそく中村さんの連絡先をデータベースで検索し、電話をかけてみた。すると「あいにく中村は外出中で、本日は三時頃戻る予定です」

と電話に出た人がいった。「わかりました。三時にまたお電話をさしあげますが、中村様には佐々木から電話があったとお伝えくださいますか」といい、電話を切る。

その時、手帳の三時のところに書き入れるのだ。何を？　そう、「□Call　中村Re：ウィンウィン対談」である。そして、その時に私はあとひとつ加える。データベースで検索した電話番号を中村さんの名前の脇に小さく書く。これで、もう一度検索しなくてすむ。

私の記憶力はまったく頼りない。最近は何も記憶していられないので、手帳に記録しておくのだ。良くいえば、佐々木の頭は佐々木にしか考えられないようなクリエイティブなことを考えるためにとっておく。ほかのことは手帳に記録することで、佐々木の頭の記憶容量に空きが出るのである。

「佐々木さんの方法で手帳に書いていくと、スケジュール欄がぎっしり埋まってしまって書けなくなってしまうのですが」といわれることもある。確かにそうだ。その分量、書き方、読みやすさは各自が自分流を見つけたらいいと思う。メモ書きは、自分がわかればよいのだし、「読むより見る」ことが大事で、じっくり読まなくてはわからないほどいっぱい書いても読むのに時間がかかってしまう。自分が思い出せる程度のキーワードでよいのである。

また、**良いアイデアが浮かんだ時も私はまずアクションプランナーに書き入れる**。たとえば、新聞を読んでいて、ある記事から次の自分たちの企画が成功する方法を思いついたとする。その時には、「このアイデアは誰に伝えるのが一番大切か?」と考える。社内の事業開発部のスタッフだと思うなら、彼らと一番近い会議日程のページを開く。十一月二十四日一一時のところに「会議」と書いてある。113ページに書いたように「会議」と書かれた下のほうには余白がある。私はそのアイデアが思い出せるキーワードを「会議」という文字の下に書くのだ。これで、十一月二十四日一一時の会議が始まる時に手帳を見て、皆に伝えたかったアイデアを必ず伝えることができる。もし、ほかのノートや手帳の隅にアイデアを書きとめておいたとしたら?　会議当日に思い出せるかどうかは不明だろう。

時間を短縮し、ストレスを減らし、ハッピーになるために手帳を使っているという本来の目的を常にしっかり肝に銘じておいて欲しい。頭で考えたということは、すでに時間を使ったということ。それを行動に変換しなくては人生に何の変化もあらわれない。

これまで紹介した手帳の書き方は、あくまでも、私が二〇年くらい手帳を使いながらいきついた佐々木流の書き方なので、これを真似して欲しいわけでも、これでなくてはダメというわけでもない。

何度もいうように、どんな手帳の使い方をしても、極論、手帳を使わなくても、「毎日がハッピー」であれば、いい人生なのである。でも、もし自分に「期待している行動」が「実際の行動」になっていなくて、ハッピーな毎日が送られていないなら、考えを行動に変換させ、アクションプランを立てて、人生脚本を書くほうが良いのでは？　と提案したいのである。

第4章

思考のタイムマネジメント
――仕事術

もうひとつの時間管理術

「効率よく一日を過ごしたい」という私たちにとって必要な「時間管理術」は、実は二つのスキルから成り立っていると考えている。ひとつは、時間というものの考え方や計画力、手帳の使い方など、これまで述べてきたような具体的にどんな風に時間を捉え、自分が主役になり、時間を使っていくかという技術。つまり、「手帳術」である。

もうひとつは、簡単にいえば、手帳術を使って計画し、管理し、記録したその割り当てられた時間内で、どれだけ短時間で生産的に成果を上げることができるかという技術、「仕事術」である。

この「手帳術」と「仕事術」の二つを身につけた時、本当の意味での進化するハッピーな時間管理ができていくと私は考えている。

たとえば、入社一年目の社員に、クライアント先に新商品のパンフレットを送るための封入の仕事を与えたとする。彼は、手帳術を身につけたので、毎日昼過ぎの一時から二時の一時間、パンフレットを封入する計画を立てた。彼の手帳には、「13」に○がついていて線が二時まで伸びている。その横に「10階第3会議室で封入」と書いてある。彼は手帳の記載どおりに毎日昼食後一時に遅れることなく会議室に顔を出し、仕事を続けた。毎回一時間で一〇〇人に向けての封入が完成していった。

これが、ひとつ目の技術、手帳術で管理された時間の使い方の実践であり、手帳術に関しては、大変うまくいっているといっていい。本人も「僕は時間に正確だし、まじめな仕事ぶりだ」と考えているだろう。

しかし、三カ月後も彼が一時間で一〇〇人分の資料の封入しているとしたら、どうだろうか。手帳術ということだけから考えると、時間管理がしっかりされていて、計画どおりの行動ができていていいのだが、成果・成長という別の視点で見ると問題が見えてくる。

時間管理の目的である「毎日のハッピー度」という視点で見ても、三カ月後は、はじめほどの幸福感はなくなっているに違いない。もしかすると、ほかの仕事も依頼されるようになってきた彼は「同じことばかりやっている気分」になってしまい、新しい挑戦を感じていないとか、「なんだか毎日が忙しく時間をもっと有効に使いたい」などと感じ始めているかもしれない。

計画されたとおりに行動するだけでは、満足度が維持できないのだ。ポイントは、仕事の速度、生産性、工夫や挑戦にある。

封入という仕事の場合は、三カ月、毎日続けているなら、その仕事のスピードがアップしてもいいだろう。それにスピードアップを体感できたら楽しいだろう。たとえば、封筒に入れる順番を工夫したら、または入れるものの置き方を工夫したらスピードが上がって、最初は一時間に一〇〇通だったのに、今では一二〇通の封入ができるようになっているとか、一時間かからずに早く終了することができたということであれば、自分の成長がわかっておもしろい。こういったことがやる気の維持にもなる。

私たちは、毎日成長している。だから、たとえば仕事をしている人なら、日々依頼される仕事量も増えていくわけだし、自分から見つけることができる仕事量も増えていく。自分がやりたいと思う仕事も増えてくるだろう。

そもそも、やりたいこと、やるべきことが増えていっているのだから、決めた時間どおりにいつも行動するだけでは満足度を維持していくのは難しいということだ。

たとえば、小学校一年生の足し算の問題プリントが用意されていたとしよう。三〇問の一桁の足し算問題が書いてある。これを小学校一年生が取り組む場合は、一〇分かかるとする。毎日一〇分、三〇問の足し算を解いていく練習をしている。では、同じプリントを五年生が夏休みに復習で取り組む場合、毎日一〇分の予定を立てていたらどうだろう。たぶん「一年生が一〇分だから、五年生は五分でやってみようね」と促すのではないか。

能力が高まっているはずだから、同じ問題量を解くのに、一年生より短時間で考えることができることを期待するからだ。同じ問題を大人の私たちが頭の体操として取り組むなら、一分でできるかもしれない。

大人も同じことだ。一年間、仕事などの行動計画を立てていく時、常にひとつの仕事に同じ時間を割り当てていると仕事案件は増えていくのだから、すべてが入り切るはずがない。ひとつひとつの仕事を今までより短時間で仕上げる腕を磨かなくてはならないのだ。

同じ時間で仕事の量を増やす、質を高める

計画し、そのとおりに実行することが「手帳術」だとすると、同じ時間内でどれだけ速く、または、より大きな成果を生み出すことができるかが「仕事術」であり、そのひとつが「思考の時間管理」でもある。

仕事スピードを速めたり、仕事の成果をより大きくできたり。「考える」という**思考能力を高めることができると、同じ時間を管理しながら、その時間内で対応できる仕事量が増える。**仕事の効率化、スピードアップというのは、大切な技術なのである。

私は、社会人も「毎日、自己ベスト更新」をしていると考えている。スポーツ選手が毎日トレーニングをして、自分のタイムを短縮していくように、私たち社会人だって、毎日の仕事をしている中で、効率が上がっていっているはずだ。効率が上がるというのは、スピードが上がるとか、同じ時間で仕上げる成果の品質が上がる、ということだ。自分の仕事能力が上がってくれば、どんどん短時間で仕事が終わる

ようになる。だから、空いた時間に、ほかの案件に取り組むことができる。

私個人を振り返ってみると、仕事量はこの一〇年でグンと増えていると思うのだが、以前は働いていた週末に子どもとの時間を過ごせるようになっている。子どもを生む前は、ほとんど毎日午前一時過ぎまで会社で仕事をしていたが（笑）、今では、夜は六時過ぎには会社を出る。週末もたいてい仕事をしていたが、今では、週末は子どもと過ごすことができる。

仕事量は圧倒的に増加したのに、早い帰宅を実行できるような人になったのだ。確かにそのために「仕事が終わらない！」ということがあるのも事実だが（笑）、まあ何とか毎日を過ごして、幸せにやっている。

これは、一定時間内の生産性向上の賜物であると思う。手帳術を上達させながら仕事術も磨く。この二つのスキルアップに私が取り組んできたからだと思っている。毎日が自己ベスト更新。小さなことでも毎日学び、改良していくと、気分も楽しくなる。そして「毎日がハッピーである」。これが、時間管理の目的であり、喜びだと思っている。

それでは、一定の時間内に仕事のスピードや生産性を上げていくために、私が取り組んでいる方法をこれから分かち合っていきたい。

出産時に感じたＩＴの恩恵

「子どもも二人いて、会社も二社あって、委員会、講演、執筆、テレビ出演などもあって、どうして夕方六時過ぎに会社を出られるんですか？」と聞かれるが、一番大きな要因が、「ＩＴの活用」だと答えるだろう。時間を効率よく使う、情報をムダなく蓄積し検索できるようにする。そのためにはＩＴ活用が必須だ。そこまでして、なぜ仕事時間を短縮していく必要があるのか？

それは、ＩＴによって短縮できた時間を、ほかの好きなことに使えるからだ。

あまりに一般的になっているので、その恩恵にどれだけあずかっているのかを感じにくくなっている。だが、今、私がパソコンを活用していなかったら、メールを使っていなかったら、データベースを活用できていなかったら、インターネットを活用していなかったら、私の「勤務時間」は果てしなく長くなっているだろう。

最近は、携帯メールを使っている人も多いから、メールの利点については、体感している人が多いはずだ。ＩＴの利点はメールだけではない。仕事のスピードを速く、時間を短くしたい人には絶対的に必要な技術だから、毎日使って、たくさん使って慣れていくことをおすすめしたい。

私の場合、現在、保育園と小学校に通う二人の子どもがいる。ＩＴを活用しているおかげで、子どもたちとたくさんの時間を過ごせるようになった。

二人目を出産した一九九九年、自宅がすでにブロードバンドになっていたので、どの部屋からもインターネットに自由にアクセスできた。だから、産後八日目の赤ちゃんに授乳しながら（！）メールを読んだり、返事をしたりできた。

場所は自宅だったが、私のメールを受け取る人にとっては、送信場所は関係がない。たとえオフィスでも数メートル先のスタッフとメールでやりとりするのだから、自分が出したメールに即座に返事が来れば、私が実は赤ちゃんを抱っこしていても、おむつを替え終わったところでも関係ない。

こうしてメールへの返事は、会社にいるのと同じスピードでできるので、スタッフも、お客様も、私が出産したことや、自宅にいることが仕事の遅れになることなく、スムーズに進行できた。

出産前後は、女性にとってみると、どうしても「現場」から離れた感じがするのだが、メールで情報のやり取りができたり、インターネットで情報を入手したりできていると、そのような心理的な不安感もない。これも私にとっては大きなことだった。

精神的に弱くなっていると、仕事でも何でも、取り組むスピードが遅くなる。そして一日の終わりに、情けない気分になったりする。しかし、自分がハッピーであることを感じ続けることができたら、自宅にいても、どこにいても、精神的にも安定し、元気が出て行動スピードがアップする。

人それぞれだと思うが、私の場合は、仕事を中断せずに子どもを育てることができたのは、ＩＴのおかげだと思っている。そして、今、子どもとの時間が多くとれるのも、ＩＴの活用のおかげだと思っている。

今現在、夕方六時を過ぎたら会社を出て自宅で子どもとの時間を過ごすことができるのも、週末も子どもたちとどっぷり時間を使えるのも、自宅にパソコンがあり、職場と同じ環境で情報にアクセスできるからである。必要があれば自宅でメールを見ることができ、返事をしたり、原稿を書いたり送ったりすることができる。これができなかったら、私は毎晩遅くひとつの仕事が終了するまで会社で仕事をすることになるだろうし、週末も出勤するなどということになっただろう。

ＩＴ活用で自宅で仕事ができると、時間の切り貼りができる。たとえば、明朝八時までに仕上げなくてはならない仕事があれば、今までなら仕事が完成するまで会社にいて、完了を確認してから帰宅。朝八時前に出社ということだったろう。しかし、ＩＴがあれば、夕方六時に会社を出て七時から九時まで子どもとの時間を過ごし、早く眠り、朝四時から仕事を始め六時に完了し、八時に十分間に合わせることが可能なのだ。

仕事とプライベートな仕事、外への貢献と内の充実という意味でのワーク・ライフ・バランスを考える時、私はＩＴを活用することで、場所の限定された仕事時間を短縮でき、プライベートな時間を増やすことができた。時に両方がうまくミックスされた時間を持つことができるようになったことも、効率の向上となった。時間管理をしていくうえで必要な仕事術のひとつに、ＩＴがあることは間違いない。

「書く」から「打つ」で三倍のスピードアップ

そのＩＴは私の仕事の中で、さまざまな場所で使われている。メールも、日々のコミュニケーションだけでなく、各部門の業務伝達、全社へのメッセージの送受信、プロジェクトごとの情報共有、テーマごとの情報共有などに活用している。社員からの報告や連絡も、記録の意味もありメールで行うことがほとんどといっていいだろう。議事録もメールで送られてくる。報告書などが紙で机の上に置かれていると、その量の多さだけでなく管理にも時間がかかる。しかし、デジタルで届けられ保管されていると、好きな時間に開くことができるし読みたいものを見つける検索もできるので、大変時間効率がいい。

そのほか、会社で使っているＩＴの代表的なものを挙げれば、データベース。これは、会った人の氏名、連絡先、それぞれの人からの受発注記録、コンタクト記録などを蓄積、更新、検索するためのもので、すべての業務が、このデータベースによって管理されているといっていい。たくさんの人にお会いするようになると、一人ひとりの情報管理（たとえば、何かをいただいたとか、お送りしたとか、お子さんが生まれたとか、転勤したとか）がひとつにまとめられていたり、検索して瞬時に探し出すことができることは大変な仕事効率アップにつながる。

また、私の会社であるイー・ウーマンはウェブによりコミュニティサイトを運営し、ショッピング機能も提供している。商品の購入についてや会社への業務の受発注、取材などのお申し込みなどもIT化され、ウェブサイト上で記入してお申し込みいただくようになっている。これらがもし紙だったら、すべてがスタッフなどの人の手によって行われ、どれだけ多くの時間がかかることだろう。

私にとってITとの出合いは一九八八年にさかのぼる。私のもうひとつの会社ユニカルインターナショナルが、メールを使い始めたのが一九八八年なのだ。スタッフたちが外国人翻訳者との原稿のやり取りなどに使い始めたのが始まりだったと思う。八〇年代半ば、会う外国人が皆、名刺にメールアドレスを書くようになっていて、私はそれに刺激された。

はじめは、ちょっとかっこいいと思った程度だった。というのも、その頃の通信モデムは１２００ｂｐｓといって大変遅かったので、スタッフがメールでやり取りをしていると、私がその横で、「ねえ、ファックスのほうが速いんじゃない？」などと横槍を入れていたくらいなのだ。しかし、社内に一台あったパソコンが、九〇年過ぎには各自一台になり、私の仕事遂行スピードはものすごく速くなった。

たとえば、過去に会った人のことを調べたい時、昔だったら名刺ファイルをめくりながら探しただろう。名前が思い出せなかったり、会社名がわからなかったりしたら、ぺらぺらとファイルをめくり、「あ！　この人だ」などと探していた。

これがデータベースになったら違う。検索窓口に「ヤマダ　カズオ」と入力したら、二万人の中から一瞬のうちに、その人を見つけ出してくれる。それも、その人の過去のコンタクト欄を見ると、いつ、誰が、どこで最初にお会いしたか、その後どのようなコンタクトがあったかなどすべて記録されている。ＩＴを活用することで、「探す」という時間が短縮できたことを実感する。

ＩＴ活用の頻度に応じて、そのスピードも、使い方や効率も上がってくる。生活の中にとり入れて集中して使っていくと良いだろう。私の場合、メールを打つスピードは毎日使うことでものすごく速くなった。今では頭で考えると同時に指が動くから、鉛筆で書くよりずっと速い。そうなると、時間内効率が上がるのでメールを使うようになる。また、デジタルを使うのは打つスピードだけが利点ではない。デジタルで書くのにはほかにも利点がある。編集が簡単なので、考えがまとまらなくても、ストーリーのどこからでも書き進め、進めながら考えを深め、編集していくことができることだ。企画を書くのも手紙を書くのも、山場と結論を書いて最後に出だしを考えるなんていうこともできる。**思考の時間効率がいいのだ。**

もしも、今の「書く」という仕事を、私がすべて紙に手書きでしていたら、仕事時間は今の三倍以上かかるだろう。つまり、どんなに私が手帳で時間管理をしていたとしても、二時間で終わる仕事が六時間かかっていれば、おのずと「時間が足りない！」ということになる。

ブログでさらにスピードが高まる

印刷物もそうだ。ユニカルインターナショナルが、ＤＴＰ（デスクトップパブリッシング）を始めたのは一九八九年だった。毎月一〇ページ前後の会報を、自社でつくっていた。企画、取材、編集、レイアウトなどを自分たちのパソコンでできたので、そこで「版下」までつくっていた。つくった版下を印刷会社にそのまま印刷してもらうという方法なので、たとえば、原稿の入力ミスもないし、確認がいらない。

当時から、コスト削減と時間短縮ができていたし、その技術のおかげで、一流企業からの「社内報の企画、日本語・英語での制作・印刷管理」などの仕事がユニカルに入ってきた。

その後のさらなる技術革新により、ウェブサイトを活用して情報を共有できるようになったことは、スピードアップに大きく貢献した。ユニカルは一九九六年から、イー・ウーマンは二〇〇〇年からウェブサイトを公開している。

企業がウェブサイトを持つことは必須となった。その企業が、どういった理念で経営されているのか、会社の基礎情報はどうなっているのか、商品・サービスはどんなものがあり、最近はどういった新しい動きをしているのか。株式公開企業なら年次報告書もウェブにあげているし、プレスリリースもあげている。商品説明だけにとどまらず、商品の販売もウェブで行っているだろう。

今、消費者が商品や企業を調べたい時に、その会社のウェブがなかったら、よほどの理由がない限り、企業評価は下がってしまうことだろう。これらのウェブのつくり方や、情報の新しさも企業が消費者や株主をどれだけ大切にして「対話」しようとしているのか、ということと関係してくる。企業側、担当者側もひとつひとつの質問を電話や手紙で受けていたら時間がかかるだろう。ＩＴ活用により、最低限一般化された情報はひとつひとつの対応がいらなくなってきた。もっと質の高い仕事に専念できるようになったのだ。

最近は、さらに、ブログの登場により、そのスピードが高まっている。ブログというのは、メールで原稿を送るのと同じような方法でホームページが更新できるサービスのこと。一定のデザインパターンから好きなものを選んで自分のホームページにすることができるうえに、多くが無料で利用できる。したがって、企業だけでなく個人が活用する事例も急増しているのだ。

私は、「佐々木かをりの今日の想い」(http://www.kaorisasaki.com/)という名前で自分のブログを持っている。一般的にサイトでの展開なら、書いた原稿を、担当者に渡し、制作をし、サイト掲載ということで、少なくとも何時間か、通常なら二～三日の時間がかかったであろう。しかし、ブログを活用すると、自分一人で簡単にサイトにアップしたり、編集したりできる。私の場合、その日に考えたことや、投げかけたいことなど、自分のちょっとした考えなどを発信するのに使っている。

ブログも時間内効率が良い。自分が書いたものがすぐに皆の目にふれることがわかっていれば、書く内容も具体的に選べる。これを制作スタッフに渡すとなると「うまくいっているか」「いつサイトに掲載されるのか」など気になってしまう。頭の中に案件が残るということは、頭をフル活用できないということ。ブログは自分で完了できるので気持ちがいい。

「完了する」で時間効率アップ

私の場合、時間管理で大切な仕事術の中に、この「完了する」というスキルがある。やりかけていることが途中になっていると気になる。頭の一部にその案件が残っていると、全力で「今」の仕事に集中できない。

たとえば、自分が投げた仕事が、スタッフなど他人のところにある場合、私の頭の中では「この仕事はまだ完了していない」と認識している。まだ進行中の仕事があると、頭の一部がそれで占有されているから、ほかの仕事に全力で集中できない。だから、たとえブログひとつとっても、完了できるといい。自分が掲載したい出来事があり、午前四時の起床時に原稿を書き、その場でサイトに掲載し、画面の確認ができたら、四時一五分には、この仕事は完全に終了する。私の頭は次のことに専念できることになる。

どんなに時間管理をしても、仕事そのものがスローでは、長時間労働になってしまう。ＩＴを活用して、ひとつひとつの仕事の時間短縮、つまり、完了までのスピードを速めることを日々試みたい。

ただ、もし、今の時点でＩＴをあまり活用されていない方は、面倒くさいと思うかもしれない。ＩＴ活用には、使いはじめの頃に必要以上の時間がかかるというネックがある。キーボードに慣れないと、打つ速度が遅く、「こんなのはイヤだ」ということになるかもしれない。

くどいようだが、時間管理は「ハッピーになるため」にする。ＩＴを活用していなくても、手帳術を活用するだけで、毎日が充実していて、それだけでとてもハッピーでいられたら、それがいい。ＩＴを使わないことがハッピーの要因、ということなら《ママ》ば、それがいい。

ポイントは、もしも手帳術を活用しても、まだまだ仕事が多い気がしている人は、その一部にITを活用することで、ひとつひとつの出来事、仕事、案件の時間短縮が図れるかもしれない、ということだ。

そして、もしはじめてなら、使いはじめは時間がかかるけれど、続けることで大変有効に時間を活用できるようになる、ということなのである。

決断力――決めるスピードと決めるということ

時間活用の効率性は、絶対的に決断スピードと関係がある。決断スピードを上げることが、まさに時間短縮のひとつのスキルなのだ。

たとえば、スタッフに「高橋さんが、来週三〇分時間をとって欲しいといっていますが、いつにしましょうか」と聞かれた時に、私はその場で手帳のその週のページを開き、その週で空いている時間を見て選び、「十二月六日（火）の一四時から三〇分にしましょうか」と具体的に答える。

もしここで、「う〜ん、いつにしようかな。また後で返事するね」と答えてしまうと、せっかく「来週三〇分」という課題の半分まで頭で理解して、考えを進めたにもかかわらず、結論を出さなかったがために、保留案件として頭に残ってしまう。再度この課題を呼び出して考えると、今の時点からの続きではなく、少し前にさかのぼり、何のために時間が必要だったのか、来週だったか再来週だったかなどということも含めて記憶を呼び起こすことになるので、効率が悪い。

もしも、日程だけを決めて「火曜日にしない？」と相手に答えても、時間をしっかり決めていなかったら「そうですね、じゃ、来週また連絡しますよ」といわれ、三〇分を確保するために火曜日全部を空けておくことになる。もっとも、そんな約束を無視して火曜日の予定を入れていき、月曜日に先方から確認があった時に「ごめん！　そうだったよね。火曜だったっけ。明日はいっぱいになっちゃった」となってしまうことがあるかもしれない。他人としっかり約束してそれを守ることはとても大切。手帳術はそのためにあるようなものだ。

約束を守ると相手はこちらを信じて、頼ってくれるようになる。これを「信頼される」という。そのためにも、他人からのリクエストにはＹＥＳ、ＮＯを明確にしてしっかりその場で決断、行動する。

決断までの時間を短くするということは、完了することで自分の抱えている案件の数を少なくすることになるので、脳がすっきりするのだ。

決断スピードを短くするというのは、質問された案件に即座に対応して、自分側は思考を完了し、相手にボールを投げたということ。

他人から決断を求められたということは、キャッチボールでいうところのボールが投げられたということ。キャッチした後ボールはすぐに相手に戻すといい。たくさんのプロジェクトをマネジメントできている人は、このキャッチボールが上手なのだ。

いくつボールが飛んできても、その場で決断してボールを投げ返す。いつも手が空いているので、ほかのボールが飛んできても、またそこでボールを受け取ることできる。即座に考えて、決めて、ボールを投げ返す。

決断のスピードが遅いということは、自分が手に持ってしまっているボールがあるということ。次の相手がボールを投げてきているのにまだ前のボールを握り締めているので、ボールの数が増えて、あっという間に持ちきれなくなる。「なんだか仕事がいっぱいで、対応できません！」というのはボールの持ちすぎ、ということなのだ。

出たい講座とクラス会が重なったら？

「来月、一月十二日（木）一九時から講座があるんだけど、行きます？」と聞かれた時はどうだろう。「うーん、行きたいんだけど、まだそんな先の予定が立たないからなあ。どうしようかなあ」と返事をすることはないだろうか。

計画を立てるのは、自分。なぜなら、自分の時間であり、自分の人生脚本だから。自分の人生の中で、その講座で学習することが重要だと思えば、今の時点で、計画に入れればよい。今の時点で、その学習を必要ないと感じるなら、計画に入れない。単純なことだ。

この場合のおすすめは、次のどちらか。「その場で決断を下す」か、「決断する日を決める」か。その場で決断するというのは、質問を受けたその時に、「行く」「行かない」を決めることだ。

行くことに決めたら、手帳の一月十二日夜の「7」を○で囲み、二時間の講座時間の縦線を引き、たとえば「イー・ウーマンユニバーシティ講座」などと講座名を書く。はじめての講座なら、場所や連絡先も、その場で記入してしまう。行かないと決めたら、その場で思考を完了し、次の話題に移る。

しかし、どうしても理由があって今は決められない場合もあるだろう。たとえば、一月十一日か十二日の夜に久しぶりに大学時代の仲間数名と会うことになっているとしよう。まだどちらの日になるかわからないから決められない、といった場合だ。一月十一日と十二日の夜のところに、またがるような形で鉛筆で、「↑クラス会?↓」と書いてある（記入例9）。

だから今は決められない。自分としての優先順位はクラス会のほうが高い。そんな場合は、「回答する日（決断する日）」を決めて、相手にその場で伝えるのがいい。たとえば、今日が十二月二日（金）だったとしよう。「その講座、行きたいんだけど、一月は十一日か十二日にということで先約があるんだ。今決められないんだけど、来週の金曜日九日までに確認して連絡するよ」などと伝えるのだ。それで先方がOKならば、さっそく、十二月九日（金）のところに「1月12日の返事」など

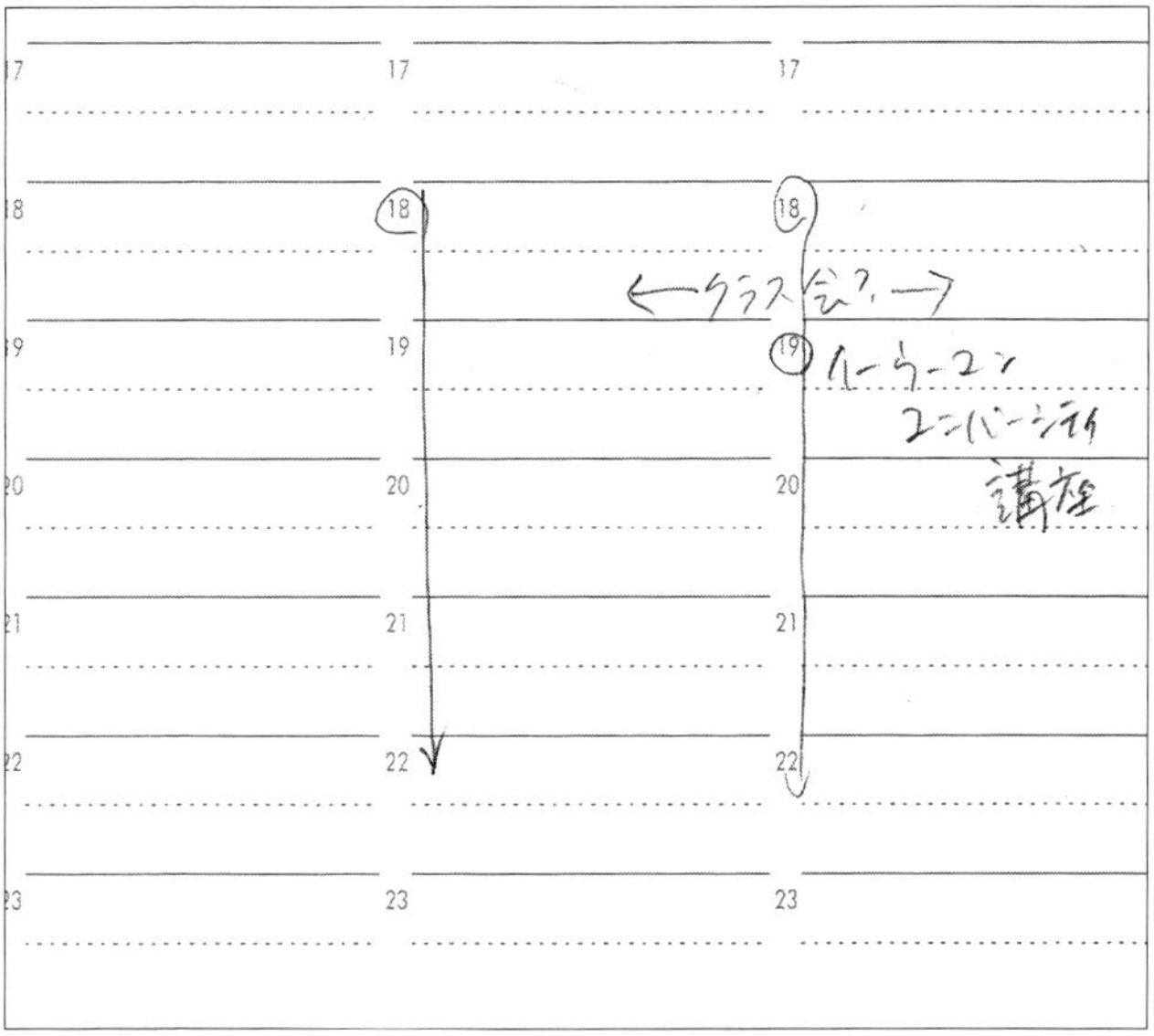

記入例9　「タイムデザイナー2006」より

と書く。そして大切なのは、その日に返事ができるように、それまでに条件を整えておくということ。つまり、九日より前の、たとえば、手帳の十二月五日（月）のところに「1月11、12日クラス会確認」などと書く。クラス会の日程を確実に九日までに決定してもらうために幹事に伝えるのだ。決定日を知ることで、はじめて九日の約束が守れるからだ。

これにより、口頭での約束が記録され、他人とした約束を守るための、自分へのお膳立てができた。

もちろん、クラス会と講座とで、自分が講座にどうしても出たかったら、その場で決断することも可能だし、数名での夕食会だったら皆の都合で決まるので、今のうちに自分から「十一日にしよう。十二日はだめになった」と連絡すれば、十一日にクラス会、十二日に講座が実現するかも知れない。これも行動力にかかっている。

毎日できる、決断スピードアップ訓練法

決断ということではちょっと楽しい事例もある。たとえば、ランチタイム。みんなでお店に入った。「私、A定食」「私は、和風スパゲティ」「私は、日替わり定食」と注文していたのに、最後の一人が「う〜ん、どうしよう、う〜ん」といってメニューを見つめている。店員は、「また後ほど伺います」と三人分だけ注文をとって去っていく。

この決断のリズムに乗るか乗らないかは、結構大切なこと。決断が遅いということで、周りとのリズムも崩れるし、そもそもみんなで次の話題に入れない。ランチメニューの決断ができない人で、仕事だけは速いという人は、あまり聞かないかも

しれない（笑）。

私は、決断スピードを上げる練習の場に、ランチなどの「メニューを選ぶ」ということを活用したらどうかと提案している。どれを食べても、そんなに害はないだろう。頭の中でどれにしようかと迷った時に、「決める」ということを意識して少しずつスピードを上げていくのだ。

そのスピードに一分かかっていた人は、四五秒に、三〇秒に、と意識して速めてみる。決断スピードを意識して体感するという練習なので、ある程度自分で自分の決断の癖やスピードがわかったら、やめればいい。

決断のスピードを速めるというのがどういうことかがわかると、他のシーンでも決断スピードを速めることができるだろう。大きな決断でスピードを上げていく練習をするのは難しいかもしれないが、A定食か、B定食かで毎日訓練をつんでいく分には、楽しいのではないだろうか。

本質を捉えて欲しいのは、何でも速いのがいいといっているのではないということ。ランチメニューを見て、今日の料理の内容をウエイターにじっくりと料理の仕方や素材について聞いて、どれにしようかと吟味するという食事を楽しむ機会だってあるだろう。

ポイントは、もし、あなたの時間の使い方の中で、「決める」ということに時間がかかっていたり、「決める」のを先延ばししたりしていることが多いようだったら、試してみたらどうかということだ。

今が「ハッピー」であるならば、それでいい。しかし、もしいつも物事を決めるのに時間がかかっているようならば、食事を楽しんだり、仕事に取り組んだり、友達と会ったりするという「核」の部分の時間が減ってしまっていることを知っておく必要がある。意外と、ひとつひとつの行動のムダな数秒間の積み重ねが一時間くらいにふくらんでしまうし、そもそも、さまざまな案件を引きずっているので心が重たくなってしまう。

私たちは、みな二四時間という時間を与えられている。それを、「どれにしようかと考える時間」「どうしようかと迷う時間」に使うか、実際に「食べている時間」「友達と話している時間」に使うかで、ハッピーの度合いが変わってくるのではないかと私は考えるのである。

考え切る力——一度に最後まで考えてみよう

決断スピードを速めるために大切なことに、「最後まで考え切る力」がある。考え始めたことを途中でやめない、ということだ。

私なども、複雑な案件や、時間のかかりそうな案件が飛び込んできた時、どうしても、その説明を相手から聞いているうちに頭で回答を考え始めている。「それは、こうしたほうがいい」「あれは、そうしたほうがいい」そんなことを想像しながら、相手の話を聞いたり、メールを読んだりする。

もしも、その投げかけられている課題を理解するはじめのスタートラインをゼロとして、解決・完了を一〇〇としたら、課題が何であるかということを理解しようとしている時点である程度のところまで進んでいく。それが、大変複雑な問題で、課題理解の時点で一〇〇分の五くらいだったら、しっかりと、取り組む時間を別途設定して集中して取り組むほうが良いだろう。

しかし、課題によっては、相手の説明が長かったり、相手の説明が不十分で課題を理解するために相手との会話がさらに必要だったりすると、その課題を理解した時点で、一〇〇分の八〇まで思考が進んでいたりする場合がある。そういった時に、「わかりました。じゃあ、これは、明後日までに回答します」などと答えてしまっては、回答する直前に、またゼロから八〇までの理解した記憶を呼び起こさなくてはならなくなる。

私はこういった、「同じことを二度考える時間」が結構ムダだと思っている。図らずしも一〇〇分の八〇まで進んでいると感じたら、私は予定外でも、その場であと二〇を考えてしまい、完了することを心がけている。その場で解決したほうがずっと速い、という体験があまりに多いからだ。

今日八〇＋明後日一〇〇＝一八〇。それより、今日の一〇〇のほうがずっと時間が短くてすむ。そのうえ、その案件を頭に入れておかなくてもいい。完了している。「考え切る力」というのを、私の場合、日々意識している。そうでもしないと、忙しい中で、「また後にしよう」「ああ、わからない！　続きは明日にしよう」などとひとつの案件をどんどんと引き延ばしてしまうからだ。

「考え切る力」はチェックボックスを別ページにつくらないというところでも少し

説明した。何かを「やらなくちゃ！」「やりたい！」と思ったら、その場でその先の「いつ、やろうか」まで考え、行動する日を決めてしまう。思考をグンと先まで延ばして完了させる。頭スッキリで、すでにアクションプランにまでなっているのだ。

引き延ばし案件が多いと、気分が重い。両手両腕にいっぱいボールを持ちながら、新たな課題に取り組むなんて、実力が発揮できないだろう。

グッと最後まで考える。決める。完了する。これが大切な思考力だと思っている。

参加一〇〇％でハッピー度を高める

子ども向けの時間管理講座をした時、多くの子どもが「よくわかった！」といってくれたことに、「計画力の大切さ」がある。これまで書いてきたように計画を立て、それを手帳に記録することで、何が実現できるかというと、頭の中がスッキリするので「今、やっていることに全力で集中できる」「自分の脳を自分らしいクリエイティブなことに使える」ということなのである。

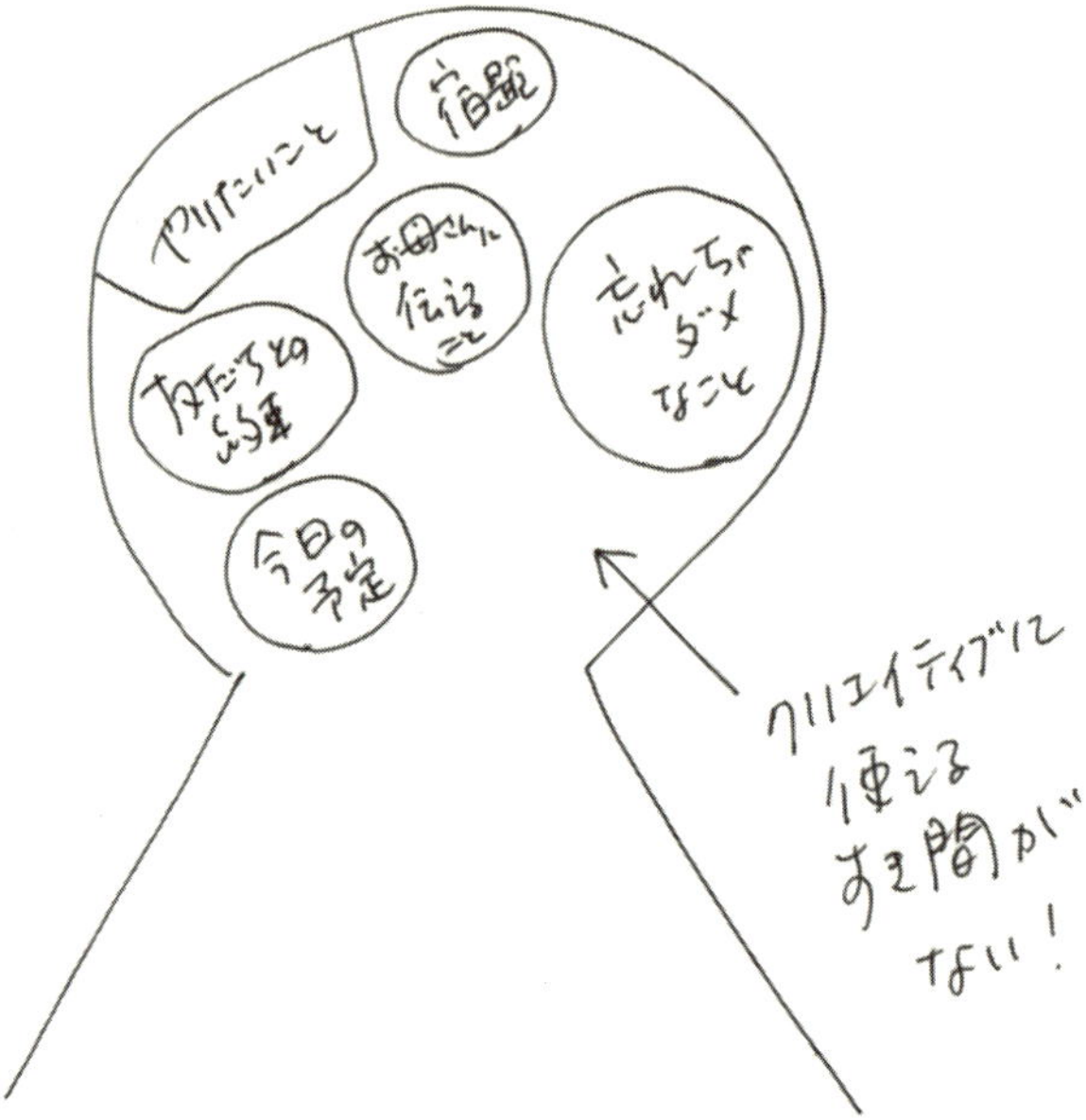

今取り組んでいることに**集中できるということは、実は、自分の能力をフルにつぎ込むことができる**ということだから、仕事能力がとてもアップする。つまり、**仕事スピードが上がる**ということだ。仕事スピードがアップすると、やるべきことが速く終わるので、余り時間がプライベートや余暇に使えるのである。

ここで、私が子どもたちに描いた絵を紹介しよう（上図）。

私が自分の人生を楽しむ秘訣に、「参加一〇〇％」というのがある。私が二〇代の頃学んだ考えのひとつだ。

たとえば、人に誘われて、ある勉強

会に行ったとしよう。ゲスト講師が話し、三〇名ほどの参加者が学ぶ。一時間ほどの講義の後は、ネットワーキングの場が設けられていた。はじめて参加したあなたは、どういう行動をとるだろうか。

後ろのほうに静かに座り、周りの人の様子を伺うかもしれない。話しかけられるまで、自分から自己紹介することはなく、まず講座を聞いているかもしれない。質疑応答の時間になっても、もしかすると、周りの人の質問を聞くにとどまり、自分は手を上げなかったりする。そして、その場所に来ている人たちがどんな感じの人で、どんな質問をする人たちなのか、どんな会話をする人たちなのか、様子を見るかもしれない。

この場合の行動は「傍観者」である。「参加者」ではない。参加して、没頭して、話を聞くというより、その場所を理解することに気持ちが向いているからだ。もし、その後に私が「あの会は、〇〇なところが良くない」などといい始めたら、それは理解することを超えて批評する、になってしまっている。「評論家」をしていることになる。「参加者」ではなくて。

自分の時間とお金を費やして勉強会に出席しておきながら、傍観者や評論家になっているのでは、その時間から吸収できることを吸収していないことになり、時間対効果が悪い。集中することで、その時間に学べることを、一番多く吸収することができる。そのことだけを考え、集中している状態を「参加一〇〇％」という。その時間の目的に沿って集中することにより、その時間から学習することができる量が多くなる。

これは、職場でも同じである。自分の仕事に集中している人は、どんどんと仕事の仕方を工夫したり、新しい発見をしたりして、楽しみを見つけ、成果をあげていく。しかし、自分の仕事は五〇％で、後の五〇％で、同僚や先輩、後輩の仕事ぶりを批評したりしていたのでは、参加五〇％。これでは、一〇〇の仕事をするのに、二〇〇の時間が必要になる。

どんなに手帳術を活用しても、ひとつひとつの仕事の時間が長ければ、その時間内での達成感が少なくなり、ハッピー度が低くなってしまう。

今自分が取り組んでいることに、一〇〇％どっぷり参加する。熱中してみる。それが、実は、その時間のハッピー度を高めることなのである。その「時」をハッピーに過ごせるということだけでも、時間管理の目的は果たすことができるわけだが、そのうえ、熱心に取り組んでいると知恵もわく。つまり、時間短縮にも大いにつながることなのである。

シンプルに考える——論理的思考のススメ

時間管理が上手な人は、悩みが少ない。なぜならば、悩みというのは、長い時間解決できない課題のことを指すからだ。短時間で解決できたなら、それは日々の課題といった程度の表現ですむ。しかし、課題が解決できず、または解決せず、長期間にわたって同じ課題を持ち続けると、それは「悩み」に変わる。そういった意味で、私も悩みの少ない一人かも知れない。

問題解決能力、課題対応能力というのは、時間管理にとって大切な仕事術のひとつだ。何かの課題が出てきた時に、それを解決することができる能力、それを短時間で考え、答えを導き出し、解決することができる能力を持っていたら、時間が短くてすむだけでなく、精神的にもとても健康でいられる。少し余談だが、答えというのは「正解」とは限らない。課題があった時に大切なことは、正解を探すことではなく「解決に向けて行動を起こす」ことなのだ。だから、自分のアクションプランを立てることができたら、それで少なくとも一歩前進となる。抱えている課題が少なければ、新しいことに取り組む意欲も出てくるし、エネルギーもあふれてくる。参加一〇〇%ができるためにも、頭も心も常にすっきりさせておきたいと私は考えている。

そのために、私は、物事をシンプルに考えること、論理的に考えることを意識している。これは、決断スピードを上げることとも関係している。たとえば、翌年の夏休みの計画。

私の場合、半年先でも仕事の依頼や会議の約束などが具体的な日時を決めて入っている場合が多いので、子ども連れの夏休みの計画は、前年末までに立てたいと思っている。

しかし、さまざまな課題がある。子どもが二人とも保育園だった時は、私の都合で計画を立てることができたが、今は違う。小学校の都合を第一優先にしなくてはならない。学校の休みがいつからか。学校の夏の旅行はいつなのか。クラブ合宿の予定はどうか。それらの予定を「推理」して、計画を立てなくてはならない。

これも余談だが、学校は、いつも四月の新年度に、はじめて年間計画を発表するが、私としては、年間行事は決定した時点で早めに保護者にも情報提供して欲しいと思う。四月に発表されてから夏の予定を立てるのでは、遅すぎるという家庭も増えているのではないかと想像するし、それからではホテルや旅行チケットの確保が難しかったりもする。私の場合は、四月になってからでは自分の休み期間を確保することが不可能になってしまう。そこで、そのようなことを「悩み」として長く手元に置くことなく「課題」のまま早めに解決することを試みている。

具体的には、子どもの学校行事の年間表を二年分見直してみる。進級する学年の今までの夏の予定を二年分見ながら、「きっと来年の夏は、こんなスケジュールで動くのだろう」と想像し、仮の計画を立てるのだ。子どもがどのクラブに属するかによって、クラブ合宿の日程は変わってくる。子どもに、来年はどのクラブに入る予定なのか、聞いてみる。結局は違うクラブに入るかもしれないが、今の時点で希望している、入部の可能性がある二つのクラブのどちらの合宿にも当たらない日程が選べそうなら、そこを選んでみる。

そして、それらの学校のスケジュールと合わせて自分の手帳を見る。八月十九日から二十八日ならば、今からそのあたりを長めに確保。仕事を入れないようにブロックする。そして、具体的に行く場所まで決めて、飛行機の予約だけでも、先に入れておく。ここまでやっておけば、後は四月第一週に最終調整をすればよいことになる。

これを、「どうしようかなあ、子どものスケジュールがわからないし」などといっていると、影響する要素の多さから複雑な悩みにさえ感じることになる。本当は、楽しいバケーションのプランニングなのに！

シンプルに考えるというのは、「解決できる」「何らかの行動が起こせる」ということを前提に具体的に因果関係をひもとくことだ。たとえば、今、悩みだと思っていることすべてを練習問題にしてみてはどうだろう。シンプルに考えるということの基本中の基本は「解決したい」という強い気持ちが必要だということだ。解決したいと考えていない場合は、人は、物事を複雑にすると私は思っている。

「私、悩んでいるの」というので話を聞いてあげて、さまざまなアドバイスをしたのに、半年後もまだ、「私、悩んでるの」と同じことをいっている知人や友人はいないだろうか。

私は、そういう人は悩みを解決したいのではなく、悩みを持ち続けたいと思っている人だと考えている（笑）。そんな！　と思うかもしれないが、人は、自分にとって得をすると思う行動を無意識に選択していると思う。だから、きっとその人たちにとっては、その問題を解決して自分の責任で毎日を過ごすよりも、「悩んでいるの」というと知人が自分に親切にしてくれる時間を楽しむほうがうれしいのかもしれない。

たとえば、「中国語を勉強したいのですが、今の仕事では忙しくて、勉強する時間がとれないんです」という人。私は、本当？　とその発言を分解しながら考えてみる。仕事をしながらの中国語を勉強したい場合、どういった方法があるだろうか。

・通信教育
・夜間学校
・週末の語学学校
・早朝の語学学校
・ＮＨＫのテレビ、ラジオの講座
・インターネットやテープなどの教材での自宅学習

ちょっと考えてみても、さまざまな方法がある。これのどれひとつとっても「仕事が忙しいから」できない、というのは間違いだろうと私なら考える。「忙しい」からではなく、「忙しい合間を縫ってまで、朝や夜に、中国語のテープを聴くほどの学習意欲・決意（コミットメント）はない」ということだろうと考えるのだ。

時間のせいにしているが、本当は自分のやる気が足りないという事実にぶち当たる。そんなことは、本当は心の底ではわかっているのだが、やっぱり時間のせいにしておくほうがいい。そう思っていたら、何も進まない。事実がわかったら、そこで解決策を導こう。ここで「幸せの方程式」を思い出して欲しい。「期待する行動＝実際の行動」であれば、ハッピーなのだから、この解決策をシンプルに考えるとどうなるか？

中国語を勉強したいと思っている≠中国語を勉強していない

このように、上と下がイコールになっていないから、課題となっている。そして、それを忘れられないでいるから、いつも頭の中がゴチャゴチャしているし、「やりたいこと」ができないという自分をつくってしまっているのだ。だから、次のどちらかを選んで、そのとおりにすれば、両者がイコールで結ばれるので、ハッピーになる。

①中国語を勉強したいと思っていない＝中国語を勉強していない
②中国語を勉強したいと思っている＝中国語を勉強している

「時間がないから」ではなく、「やっぱり私は中国語を勉強したいと思っていないのだ」と自分が認めることができれば、前者でいいだろうし、「そうか、時間のせいにしていたけれど、勉強方法はいろいろあるじゃないか」ということになって実行に移せれば、それでハッピーになる。

シンプルに考えるということの利点は、悩みを持たず、課題を短時間で解決でき、ハッピーになることができることだ。これも思考のエクササイズ。シンプルに方程式に当てはめてみるといい。

その課題がいかに問題かを強調したいと思っているうちは、物事が大変複雑になる。しかし、その課題を解決しようと心に決めたら、物事はシンプルになり、必ず解決する。時間効率も良いし、精神的にとってもハッピーになれる。

「六分表」で仕事時間を予測する

手帳術、時間管理術の中で大切なことのひとつに、自分がその仕事をどのくらいの時間でできるのかを想定して、行動計画を立てるということがある。**それぞれの仕事に必要な時間の予測が上手にできるようになると、行動計画どおりに一日を終えることができる。**かなり気持ちのいい毎日を送れるようになる。

私たちが「ああ、また一日が終わってしまった!」と思うことのひとつに、やりたいと思っていたことが終わらなかった、ということがある。その原因のひとつが、一時間でできると思った仕事が二時間かかった、などの予測違いだろう。

「計画では、うまくいくはずだったのだが……」ということが頻繁に起きているために、ハッピー度が下がっていたり、時間管理が下手だと思い込んでいるとしたら、それは、予測技術のレベルを上げることで解決できるだろう。

それでは、予測技術をどうやって上達させるか。人生すべて同じだが、場数である。多くの人が「予測をして、計画を立て、実行する」を繰り返しているだろうが、それでも予測技術が上がらないのは、検証が足りないからだと考える。

予測し、その結果がどのくらい予測と違っていたかの検証をして、次回は検証結果に基づいて新しい予測をする。そしてまた予測との違いを確認する。そんなことを繰り返しながら、自分の仕事時間を理解していく必要があるのだ。

具体的に仕事時間の予測技術を上げるために、どんな検証方法がいいかというと、

・それぞれの仕事にかかっている時間を把握する
・時刻との関連で時間を把握する

の二つの視点から検証することが大切だと考えている。

ひとつ目の、「それぞれの仕事にかかっている時間を把握する」については、たとえば、「六分表」などを活用してみてもよい。わが社でも年に一度一～二週間、各社員に自分の六分表をつけるように指導している。

六分表というのは、一枚の紙に、六分刻みでメモリがついている紙で、人生脚本としてアクションプランを書いていく手帳とは違い、結果を記入していく。なぜ六分ごとかというと、そもそも、この方式は、米国のコンサルタントや弁護士が、毎日の業務を管理するために活用していたものだからだ。

たとえば、一時間六〇ドルのコンサルタントだとすると、彼らは一時間の一〇分の一ずつで請求してくる。「佐々木からのメールを読むのに二分、資料を調べて返事のメールを書くのに一〇分、合計一二分使った」となると、その仕事をした一一時から一一時一二分までの六分表でいう二コマを「佐々木とのメール」などとして記録し、私に六〇ドルの一〇分の二、つまり一二ドルを請求するのだ。

一〇分の一時間である六分ごとに、自分の仕事を記録し、誰に請求するのかを確認する。もう少しいえば、「誰にも請求できないことに時間を使っていた場合は、仕事をしていたとみなさない」といった概念があるわけである。

私たちの日常の仕事ぶりはどうだろうか。そこまで明確に、誰かに請求する仕事ばかりではないだろうが、意外と無駄にしている時間が多かったりする。ちょっとボーッとした時間。お茶を入れに立った時間。中には、知人からの携帯メールに回答している時間！　そんなものも誠実に記録してみると「生産的に」「仕事に参加一〇〇％」ではない六分が存在していることを発見できるかもしれない。

それでももちろんいい。大切なのは、自分の時間の使い方がどうだったのか。どのくらい、何に時間を使っているのか。自分が予測していたこと、つまり行動計画と何が違うのかを実際に目で見るために重要なのである。

このような提案をすると、「忙しくて、そんな表を書く暇がありません」という人が出てくる。申し訳ないが、そういう人の仕事能力は高くない。自分の仕事の記録がとれないとか、客観的に見ることに取り組む姿勢がないとなると、仕事を改善していく力も弱いということになる。つまり、今の仕事ぶりが良くても将来の成長が少ないということだ。

弁護士やコンサルタントのように毎日とはいわないが、年に二週間程度は記録してみるといいだろう。

記録した六分表は、自分で分析してみる。どの仕事にどのくらいの時間がかかっているのか？　トイレには何回行っているだろうか？　ん？　六分表を見ると一日に一回もトイレの時間が書いてなかった！　となるとその記録がいかにいい加減かがわかる。

昼食の時間、歯磨きの時間、お茶の時間、ボーッとした時間、皆、記録されているだろうか? 仕事の時間を明確に理解するために、それらの仕事以外の行動記録をしっかりつけることが大切である。

仕事時間を予測して行動計画を立てる。それを実際の六分ずつの記録と照らし合わせてみる。すると思いがけないことに時間が使われていて、実際メインだと思っていた仕事は意外と短時間で完了できていた、ということがわかるかもしれない。それにより、今後の仕事時間の予測がより精度の高いものとなる。また、一日の時間の流れを見ることで、自分の行動の癖、時間帯による強み・弱みも見えてくるだろう。

たとえば、午前中は九時から一一時まで、かなりの分量の仕事を仕上げているとしよう。二週間の記録を見ると、どの日も一一時三〇分から一一時四五分くらいにトイレに立っているとする。そして、一一時四五分以降は、あまり仕事に集中していない。昼食のことを考えたり、同僚と、今日の昼食はどこに行こうかとメールし合っていたりして、お昼までの一五分間は実際は仕事をしていなかったりする。だったら、一一時四五分にトイレに立った際にそのままランチに行ったほうが、効率がいいことがわかる。

六分表は、自分の仕事の癖や、実際に、本当にかかっている時間を把握するために、正直に記録することが大切だ。そして、書くだけでなく、それを分析する。読み取るのだ。

記録をして、検証して、計画を立て直して、調整する。これを繰り返していくと、予測技術が高まる。「今日は五つの仕事を予定していたのにできなかった！」「毎月、やりたいことがいっぱいで終わらないんです」という人は、それぞれにかかる時間をより実際に合わせて予測し行動計画することができたら完了度が上がるのではないだろうか。**仕事ができる人は、その仕事がどのくらいの時間で、いくつの工数で、できるのかを予測することができるのである。**

時間帯による仕事効率の違いを知る

「それぞれの仕事にかかっている時間を把握する」ことができたら、さらに重要なことが**時刻との関連で時間を把握する**ことである。

たとえば、自分の六分表を見ていたら午前中に三〇分で二つできた仕事が、午後一時からは六〇分で三つしかできていない。午前中なら四つできるはずのものが、午後なら三つということがわかったとしよう。この原因はなんだろうか。たまたまその日に取り組んだ午後の仕事が難しかったのか。しかし、もし、二週間どの日も、午後一時からは、一時間で三つだったとしたら、午後の時間帯は仕事能力が落ちているのかもしれない。

これは、「午前九時からは三〇分で二つの仕事ができたのに、午後一時からは一時間で三つだった」という記録から読み取れるとても重要な情報だ。ここからわかることは、

・午前九時からの時間帯は仕事のスピードが速い
・午後一時からの時間帯は仕事のスピードが遅い

ということである。そこから想像を膨らませると、

・午前九時からは頭がさえているので思考能力が高い
・午後一時からは思考能力が衰えている

などということも考えられる。となると、重要な案件は朝九時からやるように計画するとか、大量の仕事があるなら朝九時から計画しておくなど、自分が完了しなくてはならない仕事は午前中に組み入れておくほうが良いことになる。

それでは、午後一時からの時間帯にはどんな仕事を入れたらいいか。昼食後で、カラダがリラックスしたい時かもしれないので、一人でパソコンに向かう仕事や、じっと考える仕事は能率が悪いかも知れない。会議や来客はどうだろうか。他人と話をする、新しいことを考える、提案するということであれば、ワクワクするから眠くならないし、効率が悪いこともないかもしれない。こうして**時刻、時間帯と自分の関係も分析して活用できたら一日のハッピー度はグンと高くなるだろう**。

時間管理のセミナーをしていると「周りの人から仕事を依頼されるのですが、それはどんな風に時間管理したらいいでしょう？」といった質問を受けることも多い。他人から仕事を依頼されることが多い人は、六分表などでそれらの依頼を受けた時刻を記録し続けると、その流れや傾向が読み取れるだろう。もちろん、毎日違うだろうし、案件にもよるだろう。季節による、月による、ということだってあるかもしれない。

しかし、すべての記録をとってみたら「傾向」がわかる。たとえば、午前一一時半くらいと、午後二時くらい、午後四時半くらいに、周りからの依頼の波が来ることがわかった。分布図をつけてみたら、そのあたりの時間帯がほかよりも多い傾向があるとしよう。

そうしたら、私なら、自分の仕事の計画を立てる時、毎日一一時三〇分〜一二時、午後二時〜二時三〇分、午後四時三〇分〜五時の三つの時間帯に、何も自分の計画を入れないで「対応タイム」として確保しておくだろう。

そうすることで、その時間帯に飛び込んでくる依頼に快く対応できるし、それ以外の時間帯に飛び込んでくる仕事も吸収することができる。「予定外のことが多い」と思っている自分の時間を「予定する」ことができるのである。

「時刻との関連で時間を把握する」ことの重要性として、私の例をひとつ。

九年ほど前のこと、いつもは夜中に書いていた新聞のコラムを、朝四時に起きて書いたところ、いつもの五倍ものスピードで書けた！　ということがあった。

この経験から、私の場合、朝の時間はカラダも休まり、頭も休まり、心も前向きで、すべてがフレッシュな状態なので、仕事能力も高いし解決意欲も高い大切な時間となったのだ。つまり生産性が高くなる。今は、来客などを、なるべく午後にして朝は徹底的に自分の中から創り出す仕事に取り組むようにしている。

私の場合、朝四時くらいに起きて昼までの時間、仕事に集中するのが一番生産性が高いことがわかったのだ。

私の場合は、午前四時から午後三時くらいまでが「超前向き」。その後が「まあ前向き」だろう。「夕方以降に、私にモノを考えさせないでください」とスタッフにお願いしているが（笑）、これは、私個人のためだけではなく、会社全体のためでもあると考えている。

よく「夜に書いたラブレターは朝になったら読めない」とか、「夜に書いた愚痴の手紙や苦情レターは朝読むと過激過ぎる」とかいわれるが、夜は、人間の心の中でマイナスエネルギーが強くなるのだと考えている。

反対に、朝起きてすぐの七時にラブレターを書いたり、苦情レターを書くことがなかなかできないのは、朝は心も満たされ、カラダも充電して、プラスのエネルギーをたくさん発しているからだと考えている。したがって、仕事は朝型というのが、私の時間管理のとても重要なポイントなのである。

時間が短くなる話し方、会議の進め方

時間を短縮するということは、無駄を省くということである。無駄でないゆったりした時間は、短縮する必要がない。**自分が今「無駄」だと感じている時間をなくすのだ**。それは、カラダの贅肉を落とすのと同じように、自分の会話や行動の中の無駄を徹底的にそぎ落としていくこともできる。すでに決断にまとわりついた無駄な時間については述べた。

ほかにには、話の仕方がある。私は、相手にすばやく理解されるように話すにはどうしたらいいのかを、さまざまなシーンで試している。素早く理解されるということは、当然、何度も説明しなくてよいので時間短縮になるし、シンプルメッセージであれば正しく伝わる可能性も高い。たとえば、電話。誰かが電話をとってくれて、私につないでくれた時には、「佐々木です。お電話代わりました」という。「はい、お電話かわりました。佐々木です」とはいわない。「もしもし? あっ、お電話代わりました。佐々木です」ともいわない。相手が知りたいのは、誰に代わ

ったかであるから、余計なことをいわずに「佐々木です」という一番大事な情報を一番最初に話す。

電話をかける時も、用件をどのような順番で話すかを考える。「もしもし？」という言葉は、ほとんど使わない。**その二秒を、内容のある言葉に置き換えたほうが良い**と考えるからだ。

たとえば、保育園に通う息子のジャケットを探しているとしよう。そしてデパートに電話をかけた。「子ども服売り場をお願いします」これが、私の第一声になるだろう。「もしもし？　あのう、子どものジャケットを探しているのですが、そちらに置いていますでしょうか？　六歳なんですけど……」とはいわない。

散々説明したにもかかわらず「子ども服売り場におつなぎします」という一言の返事、という経験は誰にもあるだろう。大きな店や会社で、電話に出た人が、自分の問題を解決してくれることは、ほとんどない。だから、事情を説明する必要はなく、自分の目的の人に早くつないでもらうことが大切なのだ。

これは、機械的に冷たく話すということではない。相手に好印象を持ってもらってこそ、ベストな解決策に速く行き着く。だから、心をこめて温かく話す。しかし要点は明確に。相手の時間も、短くてすむ。自分が提供する情報の順番が適切だと、話が短くてすむ。

会議も同じだ。「会議の時間が長くて困るのです」と聞くことがあるが、このような問いに関しても、事実をよく聞き取るようにしている。

その人は「長くて困る」といっているが、困るのは「長さ」ではないのだろうと私は想像力を膨らませる。困るのは「長い時間をかけたのに、その成果がなかった」とか、「この程度の成果ならもっと短くてよいだろう」とか、「長い時間の間、一部の人ばかりが話していてつまらなかった」など、中身や体験と時間の関係が、その人のいいたいことなのだろうと想像する。

会議をする時に大切なことは、「何を決めるのか」を決めておくことだ。それを「アジェンダ（議題）」という。会議をする目的が何なのかが、参加者に知らされていることと、その決断のための資料が十分にそろっていることが、会議の前提である。

当然、「報告をする」「説明をする」という決断を目的としない会議もあるだろう。いずれにせよ、何のための会議なのか、つまり、全員で終了時に達成感が味わえるようにするために、達成目標を明確にしておくことが大切なのである。

私の会社でも「アジェンダを出してください」といっているが、「メロンリペア」「アクションプランナー」「イー・ウーマンユニバーシティ」などと箇条書きにする人がいる。だが、そうではない。私が期待しているのは「メロンリペアの販路拡大案の承認を得る」「アクションプランナー次年度の発注数を決める」「イー・ウーマンユニバーシティ講座の講座内容のサイト掲載文章の決定」など、具体的に何を決めるのかを書くことが大切だと考えている。

私たちの会議の場合、それらの案件を自分が報告し、皆でディスカッションし、決定するまでに何分くらい要するかも、アジェンダと一緒に事前に出しておく。

会議の目標に達成したかどうかを、会議終了時に、参加者全員でチェックする。会議満足度も、その場で確認。そして大切なのは、自分が予測した時間とかかった時間の差を、きちんと把握すること。自分が想定していない反対意見が出て、思いのほか時間を費やすこともあるだろう。準備資料が足りないために、議題に上がったものの終了できずに次回に回されることもあるだろう。

それら予測と現実の両方を認識して、次回の準備や時間予測に反映させるのがいい。

これで、さらに仕事力がアップするのだ。

会議の目的もさまざまあるだろう。意見を出すための会議。何かを決定するための会議。それぞれ、参加者に目的が知らされ、必要な準備ができ、その予定どおりに会議が終了したら、達成感がある。この達成感が、ハッピー度の鍵である。

会議とは、他人との共同の時間。その時間の使い方と成果のあげ方を毎日の訓練であげていくことも、大切なのである。

時間管理は、「ハッピーになるため」にする。時間を管理するために、手帳術を活用したり、割り当てたひとつひとつの時間の贅肉をなくしたりする。そして、重要なことは、**それぞれの時間を過ごしている間、そのことに熱中して楽しむこと。常に達成感のある「時」が過ごせるように、毎時間がハッピーであるように、自分の力を高めていく**といいと思っている。

第5章

夢をかなえる カンタン計画法

アクションプランで大きな夢をかなえよう

手帳は、人生脚本として二つの役割を果たすことは本書の冒頭に書いた。ひとつは、毎日の生活の中で「やりたいこと」「やるべきこと」を整理し、確実に行動できるようにアクションプランを立てるためのもの。もうひとつは、長い人生の中で実現したい夢、おおまかな人生のストーリーを具体的なアクションプランにして必ず実現させる、夢をかなえるためのものである。

これまで、毎日の生活の中のことを述べてきたので、ここでは人生の中で実現したい夢をどんな風にかなえていくかを述べてみたいと思う。

夢を実現させるためには、自分が何を、いつまでに、どうしたいのかを明確にすることから始まる。単純なことのように聞こえるが、案外、夢をぼんやりさせたままの人が多い。

たとえば、「いい会社に就職したい」「海外留学をしてみたい」「ビジネス英語くらいできるようになったらいい」「いつかニューヨークに住みたい」「ストレスのない生活がしたい」、そんな風に夢を表現している人が多いように思うが、それではあまりにあいまいすぎる。

あいまいな夢を持っていると何がマイナスかというと、あいまいすぎて実現に向けての行動がとれないので永遠に夢見る人になってしまうということ。もう少し厳しくいうと、実現させるという気持ちがなく具体的にしないので永遠に「手の届かない」夢を持っている気がしてくるということ。何日たっても、何年たっても、どれだけ自分が成長しても夢がかなわないということは、自分が「できないヤツ」のような気がしてくるから、夢をかなえないでいることは自分にとってのマイナス要因なのである。

もうひとつは、もしも偶然、夢がかなっていたとしても、あいまいな夢だと、それを達成したと認識することがない、というマイナス点がある。「知らないうちにそうなっていた」「偶然なっていた」では、喜びや達成感、自分への誇りが少なくなる。

夢を実現させるためには、夢を具体的に明確にすることと、そこに向かっていくステップを明確にしていくことの二つが必要だ。夢を行動計画に変換させてこそ、実現

できるというわけである。

どうせ夢を実現するなら、気持ちよく実現させたい。そこで少し頭を整理しながら進めていきたいと思う。

「今年の目標」を実現させるには

年のはじめや、春になると、「これからの一年は、こんな風に生活したい！」という強い意欲が出てくる。今日までの自分を振り返りながら、「毎月一本は映画を見に行く」「ピアノの練習を毎週する！」「英語の勉強を毎週する」「週一回はスポーツジムに行く」など、週単位、月単位での目標を立てることが多い。また「今年は本を三〇冊読む」などの一年間の目標を立てたりもする。

これらは、たいてい実現できない。実現できないのは、この目標を書く場所に原因があるのではないかと私は考えている。手帳の後ろのページ。自分の部屋のデスク横の壁。そんなところに「週一回英語の勉強をする！」と書いて自分に言い聞かせても、実際の行動計画に入れなくては始まらない。

「今年の目標」を実現させるには、行動計画に変換させて、自分の手帳に記入すればよいのだ。

たとえば、「週一回はスポーツジムに行く」だったら、**週一回とはいつなのかを具体的に決める。何曜日の何時から何時までなのかを決める、ということだ。**それを水曜日の夜七時から九時と仮に決めたなら、二〇〇六年の真っ白な自分の人生脚本の台紙である手帳の毎週水曜日の七時から九時のところに記入していく。

一月四日（水）夜七時～九時、一月十一日（水）夜七時～九時、一月十八日（水）夜七時～九時、一月二十五日（水）夜七時～九時、……十二月二十七日（水）夜七時～九時まで。当然、一月四日はお正月だからやめようとか、五月三日（水）はゴールデンウィーク中だから行かないとか、あるいは、夜ではなく昼の二時から行こうとか、そういったことを毎週のページに書き入れていく時に具体的に想像でき、計画を立てることができる。

「今年の目標」といった自分との約束は、手帳が真っ白のうちに書くのがコツだ。手帳が真っ白ということは、人生脚本がまだ書きあがっていないということ。今のうちに、自分がなりたいような自分になるための、自分との予約をしっかりしておくのだ。

「毎月一本は映画を見に行く」などは、どんな映画がいつ上映されるのかわからない。だから予定は立てられないと思うかもしれないが、違う。もし私がそのような目標を立てたなら、毎月第一土曜日の朝九時くらいのところにチェックボックス「□」を書いて、「映画を見る」と書く。前日の金曜日の夜のところに「□映画上映チェック」とも書いておく。それを十二月まで記入する。こうすることで、金曜日の夜に映画のチェックができて、次の朝、映画を見るための行動計画が立てられる。

見たい映画が第二土曜日から上映されることがわかったら、第一土曜日の□はレを書いてチェックし、第二土曜日の具体的な上映時間の欄に、数字に○をつけて、自分の家を出る時間も調べて記入し、映画の名前と映画館の場所を記入する。こういったことを繰り返していくと、毎月一本の映画を見ることが実現しやすい。

さらに私なら、一月の映画の計画のところに「①」、二月のところに「②」と映画を見た本数も書いていく。月一本ということは年間一二本である。もしかすると、ある月には自分の仕事の都合や映画の上映期間などの関係から、見られないかもしれない。しかし、累計本数が数字で書かれていれば、時に次の月になってしまっても、自分の目標管理にはなる。

「今年は本を三〇冊読む」といった目標も同じである。まずはざっくり三〇冊を一二カ月で割る。月二〜三冊ということになる。では、いつ読むのか。いつ買うのか。借りるのか。これらを明確にしていくことで実現する。週末に読もうと思ったならば、そして、だいたい四時間で一冊というペースを予測するならば、土曜日の朝一〇時に〇をつけて一二時まで線を引き、「読書①」。日曜日の朝も同じ時間に、「読書①」。これで一冊目終了。次の週末にも同じように「読書②」と書き入れていけば、年末までに三〇冊を読む計画ができあがり、行動できる。

しかし、日々生活をしていると、冠婚葬祭もあるだろうし、さまざまな出来事がある。毎週この時間に、と計画していても、そのとおりにいかないことは多々ある。その際には、その週の中で他の時間に移動させればいい。自分が主役だから、それでいいのである。同じ週の中で移動できたら、「週一回」といった約束は守られていることになるのだ。

「今年の目標」は、自分の人生脚本である手帳に、具体的に書き入れる。まだ計画がいっぱいになっていない今のうちに、自分のやりたいことや目標は何よりも先に、来

年の年末まで毎週のスケジュール欄に書き入れる、ということなのだ。どんな夢も、行動計画に変換し、自分の時間の流れに組み入れることで実現していく。実はカンタンに実現するのである。

ビジョンは燃料、目標はものさし

「いい会社に就職したい」「海外留学をしてみたい」「ビジネス英語くらいできるようになりたい」「いつかニューヨークに住みたい」……。私たちには、限りない夢がある。それを実現できるかどうかには、いくつかの要因がある。

・本当に実現したいのか＝決意、コミットメント
・実現させるためのやる気が体の内側からわき出ているか＝モチベーション、燃料
・目標値は決まっているか＝ものさし、マイルストーン
・計画どおりに行動するか、続けるか＝実行力、継続力
・楽しんでいるか、参加一〇〇％か＝高いハッピー度

誰にでも、夢を実現できる可能性がある。しかし、実現できるかどうかは、本人にかかっている。本当に実現させたいと思う気持ちは、まず最初に必要だが、それを維持させるのがモチベーション。このやる気や継続力は、二つの組み合わせを活かすことで、かなり簡単に進んでいくと考えている。それが、ビジョンと目標のセットだ。

ビジョンとは何か。これは、目に焼きつくような具体的な映像をいう。たとえば、「いつかニューヨークに住みたい」だったら、自分が住んでいるところを具体的な絵にしてみるということだ。

ニューヨークといっても広い。ニューヨーク州の面積は日本の国土の三分の一もある。だから、ニューヨークのどのあたりに、どんな家に住みたいのかを想像してみたらいい。マンハッタンの中なのか。マンハッタンも東京でいうと山手線の内側全体と同じくらいの広さがあるし、北と南、西と東では、雰囲気がまったく違う。

アパートなのか？　郊外の一軒家なのか？

「ニューヨークに住みたい」という夢を実現させるために、まずは、どんなところが自分の夢なのかを具体的にしていこう。「ニューヨークに住みたい」という表現だけでは、実はとてもあいまい。具体的ではないのだ。たとえば、住みたいアパートの写真を手に入れる。あるいは、郊外の庭付きの家の写真を手に入れる。

今の時代はインターネットで物件探しをしたら、いくらでも具体的な間取り付きで、物件の写真を手に入れることができるだろう。当然、具体的に「その」物件である必要はない。しかし、自分が将来住みたい場所により近いイメージの写真を探し出したら良いだろう。自分が理想的だと思う物件を探して、その写真をプリントする。そして、大切なのは、その写真に自分の顔写真も縮小などしてどこかに貼ること。「私、今、ニューヨークに住んでます！」というムード満点になるように。

ビジョンを明確にするということは、頭にその映像を焼き付けるということなのだ。そして、一番大切なのは、その映像を見ていると心が踊り気持ちがワクワクしてくるかどうか、という点。だから、自分の顔写真入りのニューヨークの家の写真を冷蔵庫に貼って、または、額に入れてデスクの上に飾って、それを見る度に、ニヤ～と笑顔が出るような、そんな写真や絵でなくてはいけない。朝の通勤電車の中で、ふいに、その映像を思い出して、思わずニヤ～となるような。

なぜなら、**ビジョンは、燃料だからである**。私たちが、一度コミットした夢を実現させるために、毎日の私たちの**やる気を燃え続けさせてくれる燃料なのである。**やる気が出てくるような、「さあ、やるぞ！」と燃えてしまうような、「できたらすごいな！」と自分でワクワクして嬉しくなってしまうようなそんなビジョンを目に焼き付けるのだ。

アクションプランを立てる手帳術、佐々木流時間管理法の目的はハッピーになるためだ。時間をかけて夢をかなえる時も同じように、いつもハッピーでワクワクしていたい。そんな喜びがあるから、私たちは前に進みたくなる。

燃料が十分に整ったら、次は、目標設定。目標とは、実は最終地点ではない。単なる、ものさしである。マイルストーン、一里塚ともいう。自分がどのくらい歩んでいるか、これからどの方向にどのくらい歩くのかを具体的にしていくための目印、目盛りである。「ニューヨークに住む」という夢をかなえていくひとつひとつの目盛りを明確にしていくことが次のステップということだ。

だから、目標を具体的にして、記録していくことが、夢に対して自分がどのくらい近づいて来ているかを確認することのツールにもなるし、目標が決まることで、さらに具体的な行動計画が立てられるようになる。

目標には二つの条件がある。ひとつは、数値化されている（白黒はっきりさせられる）こと。もうひとつは、期日・時刻が明確なこと。

たとえば、「ニューヨークに住む」という目標の場合、それを、最終的に「いつ」達成したいのかを決めなくては、何も始まらない。「私は、しっかり期日を決めています」という人に、「それでは、いつニューヨークに住む?」、そう質問すると、「三年後です」と返ってきた。三年後。これが具体的だと思ってしまっていることが、これまでの「目標不明確」の原因。「三年後って、ずっといい続けているのではないですか?」と聞くと、「はい、そういえば……」。これでは、永遠に夢は実現しない。

まず、目標の条件である期日を明確にすること。三年後というのは、いったい、いつなのかを考えてみる。今日が二〇〇五年十一月二十三日なら、三年後は二〇〇八年十一月二十三日。そう、「私は、二〇〇八年十一月二十三日に、ニューヨークに引っ越す」といい換えた時、はじめて夢が現実味を帯びてくるわけだ。日付入りで口に出した時、「三年後にニューヨークに住む」といっていた時と大きな違いを感じることだろう。そして、「住む」というのは、そこに至る行動を想定していない表現だから、住むための行動を明確にするために「引っ越す」という言葉に換えるのもポイントだ。これで、期日がしっかり明確になった。このひとつの「マイルストーン」を目指して、さらに、実現させるための行動計画を立ててみよう。

夢をかなえる「逆算法」

「二〇〇八年十一月二十三日にニューヨークへ引越し」と具体的に決まったら、今日（二〇〇五年十一月二十三日）とその日を結びつけるアクションプランを組み立てていくことが必要だ。その時に、**目標と今を結びつけるために私が使うのが「逆算法」**。**最終地点から現在までさかのぼりながら、やるべきことを、日付を決めて、アクションプランをつくる**。

手元にある手帳が二〇〇六年版だったら、手帳の後ろのほうにある罫線だけのノート部分は、こういったことに使う。この後ろのノート部分にいろいろと、具体的な日々の計画を書いてしまうと「スケジュールは一箇所（手帳は一冊）」のコンセプトから外れてしまうが、今後の長期プランの下書きをするのには、都合のいい場所なのだ。このノート部分に夢がかなう日から逆算でプランを立てていき、二〇〇六年十二月からは、見開き一週間のスケジュールページに記入していく。

ニューヨークへの引越しの例で具体的に考えてみよう。十一月二十三日に引越しをするのだから、まず引越しを定義しなくてはならない。ここでは、それを「自分が移動する日」としよう。すると、その直前にやることは、「荷物をニューヨークに送る」こと。船便で出して、十一月二十三日に届くようにしようと考える。二カ月ほど前の九月二十三日の祝日を船便で出す日に設定しよう。

「アパートと契約」「アパートを決める」がだいたい八月中旬だろうか。仮に、契約ができるのを八月二十九日、アパートを決めるのが八月二十五日にしておこう。そうすると具体的な物件を見るのは八月二十日くらいからか。

しかし、その前に七月下旬にも一度物件の確認をしたい。その前にやっておかなくてはならないことは何だろう。たとえば、「アパート契約のポイント」「契約書の読み方」「アパートの選び方」「ニューヨークの場所選び」「さまざまな場所、アパートの下見」「ニューヨークに住んでいる人のヒアリング」、それから、「家具の買い方」「電気や電話などについて」……、たくさん考えられる。今日の時点で考えられることを、ちょっとアクションプランしてみる。

八月二十五日には、物件を決めたいと思っているのだから、契約関連の勉強は遅くとも六〜七月には終わらせたい。でも仕事があるから、現地の人たちの声をそう頻繁に聞くこともできない。五月の連休に一度ニューヨークに行って、最終確認をするとして、二〜三月に東京で、インターネットやメールを活用して契約についての最終勉強をしよう。そう決めた。

ニューヨークの場所選び、アパートのタイプ選びは楽しいプロセスになりそうだ。ニューヨークといっても州はものすごく大きい。一人暮らしの自分には、やはりマンハッタンがいいと思う。じゃあマンハッタンの中の、どのエリアにするのか。家賃はどの程度にして、どういったタイプのアパートを探すのか。これをいろいろ見ながら考えていこう。アッパーウエストといってセントラルパークの西側のエリア、ここもおしゃれでいいし、セントラルパークの東側も落ち着いていていい。ミッドタウン、ダウンタウン、SOHO、ビレッジなど、マンハッタンはエリアごとにさまざまな顔がある。ただ歩きまわるだけでは様子がわからないから、ニューヨークに何度か旅をして、それぞれのエリアに住んでいる人のアパートを訪問したり、話を聞くのがいいな、と考える。

二〇〇五年十一月の今から、年末年始と夏休みの両方をニューヨークへ行くことにしても全部で五回。この五回でいろいろ見ることになる。仮の順番とくくりを決めよう。最後の五回目は、全体の振り返りに使うとして、これが二〇〇八年のお正月の旅。どこのエリアでも見られるようにしたい。その前の二〇〇七年夏が、バッテリーパークやSOHO。二〇〇七年お正月が、ビレッジなどダウンタウン。二〇〇六年夏がミッドタウン。二〇〇六年お正月が、アッパーイーストとアッパーウエストということになった。

具体的に日付を入れるなどして考えていくのは、とても楽しい。自分がマンハッタンの街を歩いている姿が想像できる。アパートを見ているところも想像できる。こういったワクワク感が夢をかなえるプロセスとして、楽しいのである。

一方で、こんなに具体的に決めてしまって大丈夫なのだろうか、ということを心配する人もいるかもしれない。「二〇〇八年九月二十三日に船便で出すといっても、まだ、そんな先のことわからないし」とか、「二〇〇七年の夏休みを八月四日から十一日と決めるなんて、そんなの無理」とか。将来の事情の変化で日程は変更して

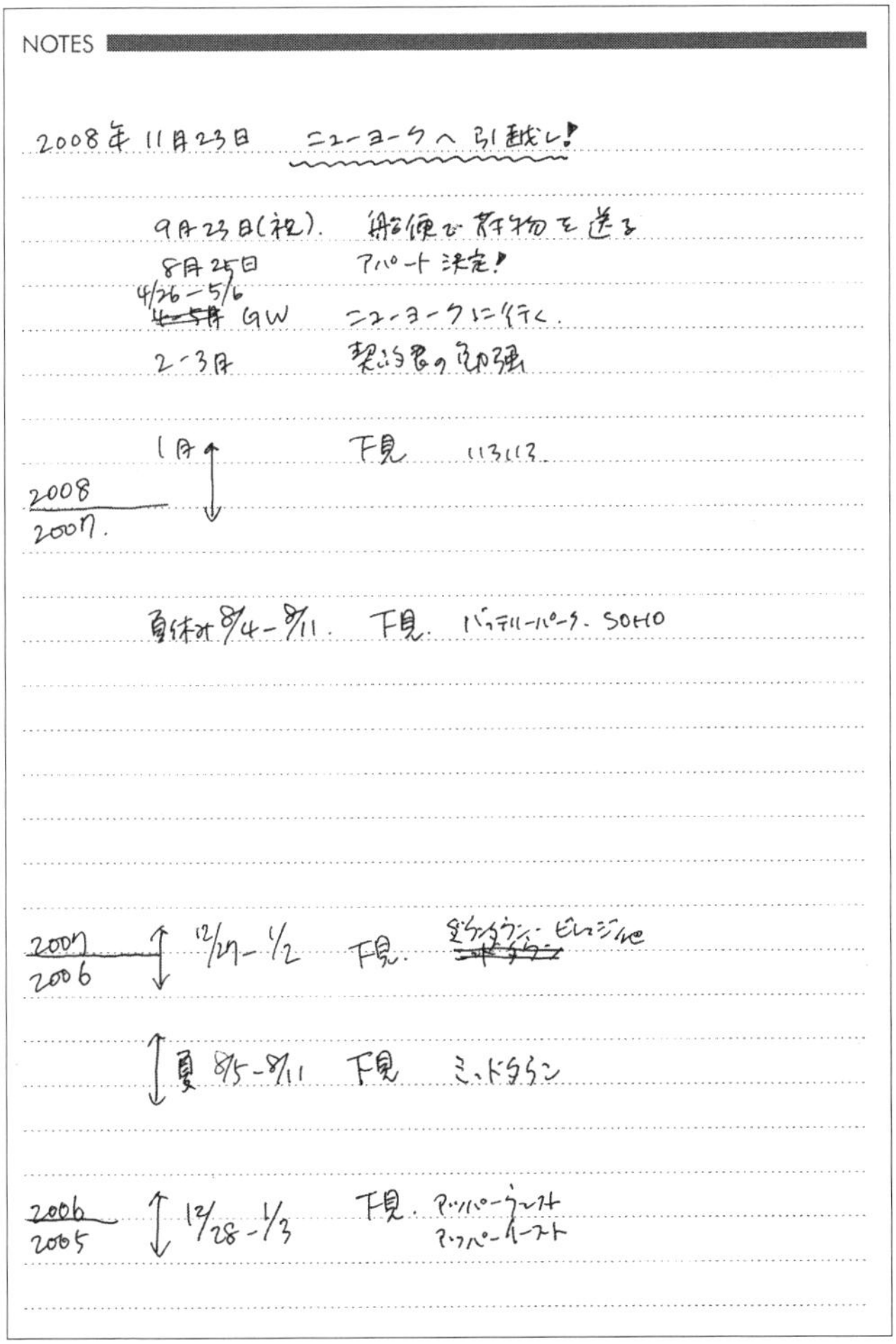
NOTES
2008年11月23日　ニューヨークへ引越し!
9月23日(祝)．船便で荷物を送る
8月25日　アパート決定!
4/26－5/6 GW　ニューヨークに行く．
2-3月　契約書の勉強
1月　下見　いろいろ
2008
2007.
夏休み8/4－8/11．下見．バッテリーパーク．SOHO
2007
2006
12/27－1/2　下見．ダウンタウン・ビレッジ他
夏 8/5－8/11　下見　ミッドタウン
2006
2005
12/28－1/3　下見．アッパーウエスト
アッパーイースト

記入例10　「タイムデザイナー2006」より

もいい。何度もいっているように、人生脚本を書いている脚本家は自分なのだから、書き換えも可能である。しかし、日程が入っていない脚本では、行動計画にならない。「週一回はスポーツジムに行く」ということを「毎週水曜日七時から九時」と明確にして手帳に書き入れ、もし不都合があったら移動させればいいと先に述べた。大きな夢をかなえるのも、まったく同じ方法である。行動を具体的にする。ずっと先の夢も、具体的に行動計画にしてみる。そして、それが一年ずつ自分に近づいてきたら、そのつど調整しながら、実現させていくのだ。

もし、「三年後にニューヨークに住む」といい続けていたら、どうだろう。いつまでたっても「三年後」は近づいてこない。永遠に「三年後」と「今」の距離が縮まらないのである。

夢と行動を一致させる

たとえば、先日相談を受けた人のケースをお話ししよう。彼の夢は「ある、検定試験に合格する」ことだという。検定試験合格というのが、彼の夢だとしたら、それはある程度明確である。夢が実現したかどうかが、第三者でもわかるし、試験日が年に何回か決まっているだろうから、あいまいになることも少ないだろう。

これまでに述べてきたように考えると、試験日を手帳に書き入れて、そこから今日に向かって、さかのぼって、逆算法で計画を立てる。

その彼もそのように考えたが、彼が実現のために計画してやっていることは、「試験日まで毎日三〇分勉強すること」だという。しっかりと手帳に、毎日三〇分の勉強時間を確保し、実践している。相談内容は、「この計画と、手帳の使い方でいいのでしょうか」というものだった。

私の答えは、ノー。まず、明確に理解しなくてはならないのは、検定試験に合格することと、毎日三〇分勉強することが直接関係がない、という点だ。

「え？　毎日勉強したら受かるんじゃない？」と思われるだろう。確かに、毎日三〇分の勉強で合格することは多いかもしれない。しかし、夢としていっていることと、行動として計画していることに論理的なつながりがない。

夢をかなえるために行動計画を立てるのだから、一本筋が通っている、整合性のある行動である必要がある。極端にいえば、毎日勉強しなくても合格すれば夢はかなったことになる。では、何をしたらいいのか。

資格試験に合格するためには、たとえば、その試験に出されるいくつかの分野を勉強して習得する必要があるのだろう。その習得にはそれぞれ、必要な時間が違うかもしれない。ある一定の時間数取り組むことと成果とは、必ずしも、直接の関係がないと、私は考えている。毎日三〇分の勉強をするという時間確保は、第一番目に必要なことかと思うが、「計画」はその先にあるべきものだ。時間を確保しただけで計画をしたと勘違いしてはいけない。**行動計画とは、時間を確保し、その時間で何を達成するのかを明確にすることなのだ。**

その検定試験の過去五年の傾向と対策の問題集が二五〇ページだったとする。これから試験日までは、一二〇日ある。この問題集だけだったら、毎日約二ページやればいいことになるが、この一冊で試験合格とはいかない。彼は、後三冊の問題集を終了させて、試験日に望みたいと考えていた。それぞれの問題集が二〇〇ページ。

二五〇ページ＋（二〇〇ページ×三冊）＝八五〇ページ。

八五〇ページ÷一二〇日＝七・〇八ページ。

つまり、毎日八ページ進める必要があることがわかる。私だったら、万一何かの都合で、できない日があることを考えると毎日一〇ページを計画に入れる。

次に、毎日一〇ページが自分にとってどのくらいの量なのかを考える。三〇分でなく四五分にしようとか、六〇分にしようとか、週に一回はクッションの日をつくって、何かあった時のリスク管理を考えて計画を立てる。一二〇日間の一週間を七日ではなく、六日で計算すると、一〇二日くらいになる。八五〇ページを一〇二日で割っても、八・三ページ。やはり毎日一〇ページが、一番良い計画のようだ。

問題集を決めて、毎日どこでもいいので、一〇ページずつやっていくほうが、ただ、毎日三〇分勉強していくよりも実践的ではないだろうか。

目的にあった行動計画を立てることも時間管理だ。いくら計画を立てて、そのとおりに行動しても、無駄な計画ではもともこもない。夢をかなえるために必要な行動を見つける力も大切になる。

ひとつずつ達成感を味わう

「いい会社に転職したい」といった夢の場合は、「いい会社」とはどのような会社かを明確にすることと「いつ転職したいのか」という時を決めることの二つが、必要になってくる。

会社は生きているので、どんなに有名な一部上場企業でも、ある時は増収増益で崇拝され、ある時は減益が続きリストラや事業の売却などマイナス面として報道されることもある。その時々によって、参加メンバーも違うかもしれないし、仕事のステージが違うことも多いだろう。

したがって、世界的に、一〇〇年規模で「いい会社」と考えられている企業を望むならば、その会社リストを手元に置くことから始めたらよいのだろう。

しかし、企業そのものが「いい会社」でも、自分にとっていい会社かどうかは、また別の話でもある。成長が大好きな人にとっては、変革の続く時期に会社に入ることは、大いに楽しいことであり、やりがいのある「いい会社」に巡り会えたということになる。

けれども、まったく同じ会社に、同じ時期に転職してきた別の人にとっては、もしかすると、そこは、混沌としていて、業務範囲も定義も定まらず、毎日が新しい挑戦の繰り返しで、仕事は自分でつくるものとだという変化続きの働きにくい場所に感じられるかもしれない。

つまり、「いい会社に転職したい」といった漠然とした夢を持っている場合は、前半の「いい会社」という表現を具体的にするといい。イー・ウーマンでもキャリアのページから派遣や転職の登録ができるようになっているが、自分の今の状態や希望する将来像が明確な人ほど紹介案件は多くなる。不明確なままでは、転職をしても満足がいかない場合が多いだろう。「ここじゃない。こんなはずじゃなかった。ただの転職ではなく、いい会社だと思っていたのに」と考えてしまうのだ。

自分にとっての「いい会社」とは何かを、明確にしていく必要がある。目標は数値と期日が決まっていると書いた。「いい会社」を具体的な言葉にして数値化してみるといいだろう。達成感の味わえる目標値を決めたことになる。

たとえば、「いい会社」というのは、

・五時に終了する
・土日が休み
・給与三〇万円以上
・場所、表参道

などと決める人もいるだろう。あるいは、

・役職がつく

・予算があり裁量権がある

という人もいるだろう。または、

・社長と直接話ができる

かもしれない。まずは具体的にしてみるのだ。

ぼんやりした夢を達成目標にする方法

自分の頭の中で「夢」とか「理想」と思っていることがあるかもしれないが、そういった言葉でまとめてしまうことで、達成感から遠くなってしまうことが多い。

「やった！　達成できた！」と達成の瞬間を体感できるように、**自分で夢を具体的な達成目標に変身させていくことがとても大切なのだ。行動計画になるような言葉、達成したかどうかが明白にわかる言葉、それが目標なのである。**

たとえば、「私は海外に住むなどの夢はなく、もっと優しい人間になりたいと思っています」という人も、「優しい人間」を数値化してみる。総合的な優しさが数値化できるわけではないが、自分がその方向に歩んでいくのだから、歩みを刻むための何らかの指標が必要だということだ。「毎週月曜日、会社に花を一厘飾る」と決めてもいい。そして、手帳の月曜日のところに毎週、

「□花一厘飾る」

と書いておく。この行動は、やったか、やらないかが誰にでもわかる。月曜日に花を飾ると、自分の手帳のチェックボックスに「レ」を入れる。ひとつの優しさを確認できる。「毎週土曜日に、一枚、感謝の気持ちの葉書きを出す」なども具体的な目標になりえる。つまり、「今より優しい人間」といった漠然とした夢を、さまざまな角度から具体的な行動に結びつけて、自分の行動計画を立てるのだ。

花を一厘飾るということが、優しさのすべてだというのではない。当然のことだ。しかし、具体的なことを決めないでいると、半年後も「なんか前より私は優しくなったのかなあ」と考えるだけで終わってしまう。

「もっといい父親になろう」と思っている男性。これも具体化して、行動計画に入れる。「毎週土曜、日曜は、朝ごはんを八時に息子と一緒に食べる」などというの

も具体的な目標になっている。「第三日曜日は息子と二人で外出する」というのだっていいい。博物館、水族館、公園、温水プールなど、いろいろと出かける場所もあるだろう。

そして、それらが五〇回目、一〇〇回目を迎える日を数えて、その日付のところに、「父子外出五〇回達成！」などと書いておくのだ。その日が、また、ひとつの目標日。

ビジョンを持って、やる気が出てきたら、とにかく後は具体的な行動計画を立てる。やったのか、やらないのか、達成したのか、しないのかが、誰にでもわかる行動を考え、それを続ける。継続は力なり。続けていくことで、ぐんぐんと夢に近づいていくのを実感することだろう。

夢をかなえてハッピーになろう！

大きな夢に思えても、遠い先の理想だと思っていても、それを実現させるのだ、と心に決めた時、必ずその夢はかなう。必ず実現する。

つかみどころのない、漠然としたイメージは、ビジョンだったのだと理解して、楽しんで自分も描かれた精密な絵にしていくといい。そして、それを分解して具体的な行動計画に変換し、今年の手帳に記入できるように自分に近づけてくる。

心に決めた時、と書いたが、強い強いコミットメントも、実は必要ない。**夢を行動計画に変身させた時、気づかないうちに、夢がかなう直前まで来てしまっているからだ。実は、大きな決心も、強い強いやる気がなくても、行動計画というひとつのステップで、すべての夢がかなう道筋がつくのだ。**

後は、ひとつずつ行動計画どおりに行動をしていけばいい。自分との約束を守れるようになると、自分を信じられるようになり、自信がつく。夢は遠くにあるものだと思って、行動計画に結びつけることさえ考えなかった過去と違い、今は、具体的な分解方法と、計画法がわかっている。続けることで、一歩ずつ必ず前に歩んでいける。

子どもの成長のように、背がぐんぐん伸びるなどの目に見える部分が少ないから、大人は成長が止まっているように思っている人もいたかもしれないが、そうではない。毎日、自己ベスト更新で、私たちも歩んでいる。だったら、自分の歩みを、成長を自分で知り、確かめ、喜びたいと思う。ひとつひとつの前進に感激しながら、自分を認めてあげながら、毎日を過ごしたら、心が優しくなれると思う。

手帳は、人生脚本なのだ。

この一週間何をするのか、この三カ月で何を達成するのか、この一年で、何をいくつ達成していくのか。自分を信じる、自信をひとつひとつ集めていくために、どんなシナリオを書いていこうか。具体的な行動計画にして、ひとつずつ実行していくから、何でも実現していくのである。

自分の人生は、自分が主役。それを実践し、毎日の達成感や大きな夢の実現を体感した時、私たちは、その喜びから、周りの人たちに大きな優しさを分けることができる人になっているのだ。

時間管理の目的はハッピーになること。毎日手帳を活用して、一日中開いて、アクションプランを実行し、毎晩眠る時に達成感あるハッピーを増やしていって欲しい。あなたがハッピーになると周りの人たちもハッピーになる。サクサク夢をかなえて、地球いっぱいに優しさを配って欲しいと思う。

おわりに

　この本を書いている間に、二〇〇六年版の「アクションプランナー」が手元に届いた。私はレッドの本皮を選んだ。滑らかな本皮のやわらかいカバーに触れながら、時間管理や人生脚本のことを書いていると、自分の今から来年にかけてが、夢いっぱいになってくる。原稿執筆中、しばしば手にとっては、いろいろな計画を立ててみた。来年の真っ白な私の人生脚本。そうだ、今から計画したら、どんな人生をも送れるんだ。書いていながら、再度自分自身が洗脳され、確信していった。

　今から始めることとして、スポーツクラブに入会することにした。入会日を、すでに計画し、手帳に書いた。大学院の勉強もしたいと思い、通信講座の資料を取り寄せた。入学できなくとも、いくつかの授業を受けてみたいと思っている。

　こんな風にこれからの白紙の時間を見ているうちに、私のやる気はあふれてくる。それが時間管理や手帳術の一番いいところかもしれない。自分の内側から意欲がわき出てくるというのは、健康な証拠である。プラス思考の証拠である。それだけで、元気でいられるし、ハッピーになる。

でも、いくつか皆さんに言い訳をしておかなくてはならない（笑）。時間管理が大好きで、しっかり動いている私でも、そのとおりにいかないことはたくさんあるということだ。できると思って入れた仕事が終わらない、ということが多々ある（本書の執筆計画もそうだった）。子どもと一緒に過ごすはずの週末が、平日残した仕事を終えるために、「ちょっと後一時間待ってくれる？　お母さん、どうしてもやらなくちゃいけない仕事があって」と子どもに説明することもある。

ただ、ポイントははずしていない。「ハッピーになるため」に時間管理を活用しているという点だ。私は、毎日がとても充実している。とってもハッピーである。どんな些細なことでも、楽しみを見つけることができる。そして、どんなに困難があろうとも、課題が山積みだろうとも、「私はハッピー」だと思って挑戦していく気持ちがいつもある。

時間管理はそのための技術であり、手帳はそのための大切なツールである。毎日の気持ちをスッキリ元気にさせるために、もしあなたの人生脚本に便利なら「アクションプランナー」や「タイムデザイナー」を、ぜひぜひ使っていただき、毎日目標達成！　毎日自己新記録更新！　という満足度の高いハッピーな日々をつくり出して欲しいと思う。

そして、いつかきっとと思っていた夢を実現させて欲しい。どんな大きな夢でも、行動計画を立てて実現するまでやり続ける。そんな時間管理を実践して欲しい。

この本の執筆には、日本能率協会マネジメントセンターの皆さんに、大変お世話になりました。出版にあたっては、坂田博史さん。「タイムデザイナー」の制作には、高梨文明さん、関野圭子さん、田口秀孝さん。本当にありがとうございました。

読んでくださって、ありがとうございました。あなたの人生脚本が、あなたの主役力によって、充実したものになりますように、上手に手帳を使ってください。続きは、イー・ウーマンのサイトで！　http://www.ewoman.co.jp/

二〇〇五年　十月

佐々木　かをり

【著者プロフィール】

●佐々木かをり（ささき　かをり）

横浜市出身。上智大学卒業。1987年、70言語の通訳・翻訳、トレーニング他を行う株式会社ユニカルインターナショナルを設立。1988年、ニュービジネス協議会のアントレプレナー特別賞受賞。1996年より毎夏「国際女性ビジネス会議」を開催。2000年、株式会社イー・ウーマンを設立し、コミュニティサイト「イー・ウーマン」を開設。働く女性を中心にした意見交換の場を作り、イー・ウーマンユニバーシティ講座を行うと共に、企業・政府向けに意識調査、商品開発、人材研修などを行っている。独自の時間管理、手帳術に定評があり、各メディアからの取材、企業向け研修など多数。長年愛用してきたフランス製手帳を佐々木かをりオリジナル日本向け仕様に改良し発売した「アクションプランナー」は人気の手帳となった。さらに佐々木監修で日本能率協会マネジメントセンターからは能率ダイアリー「タイムデザイナー」も発売されている。多摩大学客員教授。内閣府、法務省、金融庁審議会など委員多数。「ニュースステーション」「CBSドキュメント」元リポーター、キャスター。現在「とくダネ！」コメンテーター。2児（現在、11歳と6歳）の母。

著書に、『ミリオネーゼの手帳術』（ディスカヴァー）、『自分が輝く7つの発想』（光文社・知恵の森文庫）、『計画力おもしろ練習帳』（日本能率協会マネジメントセンター）、訳書に、『さよならメリルリンチ』（日経ＢＰ社）など多数。

▼さらにお知りになりたい方は下記ホームページをご覧ください。
株式会社イー・ウーマン　http://www.ewoman.co.jp/
株式会社ユニカルインターナショナル　http://www.unicul.com/
ブログ「佐々木かをりの今日の想い」　http://www.kaorisasaki.com/

▼「アクションプランナー」「タイムデザイナー」の購入を希望される方は、以下のサイトから詳細をご覧の上、ご購入ください。
イー・ウーマン手帳ページ　http://www.ewoman.co.jp/ap/

▼本についてのご意見・ご感想は下記にてお待ちしております。
book@ewoman.co.jp
http://www.unicul.com/about/bookform.html

佐々木かをりの手帳術
アクションプラン時間管理で人生がハッピーになる!

2005年11月15日　初版第1刷発行
2005年12月15日　第4刷発行

著　者 —— 佐々木かをり

発行者 —— 野口晴巳
発行所 —— 日本能率協会マネジメントセンター

〒105-8520 東京都港区東新橋1-9-2　汐留住友ビル24階
TEL　(03)6253-8014（代表）
FAX　(03)3572-3503（編集部）
http://www.jmam.co.jp/

装　丁 ———— 渡邊民人
本文DTP —— 有限会社タイプフェイス
印刷・製本所 — 日経印刷株式会社

ISBN4-8207-1660-3　C2034
落丁・乱丁はおとりかえします。
PRINTED IN JAPAN

使い方のヒント

月間

プロジェクトの予定を見られる月間予定表。
六曜つき。

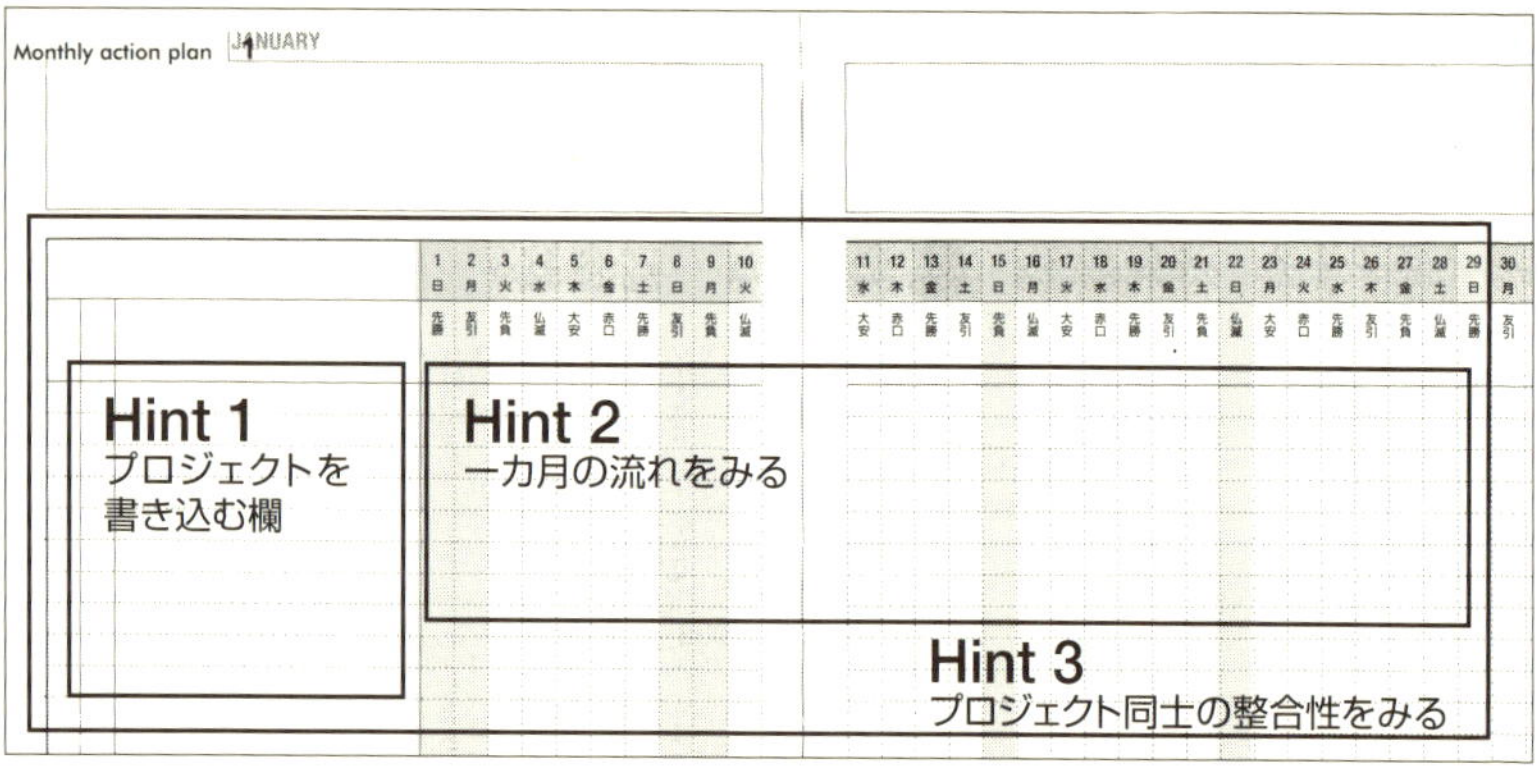

商品ラインナップ

●たっぷり書ける、A5サイズ　価格2,940円（本体2,800円）

品番 3961 ブラック　品番 3963 グリーン　品番 3964 レッド　品番 3965 イエロー

●持ち歩きに便利、B6サイズ　価格2,415円（本体2,300円）

品番 3972 ネイビー　品番 3974 レッド

発売元 JMAM
株式会社 日本能率協会マネジメントセンター

〒105−8520　東京都港区東新橋1−9−2
汐留住友ビル24 階
電話03（6253）8010
手帳活用術・暦情報などお役立ち情報はこちら
●パソコンからはhttp://bt.jmam.co.jp
●携帯電話からはhttp://btjmam.jp

監修:佐々木かをり
佐々木かをりの手帳術など詳細は
イー・ウーマン
http://www.ewoman.co.jp/
ユニカルインターナショナル
http://www.unicul.com/

能率ダイアリータイムデザイナーとは

仕事で成果をあげたい、生活を充実させたい、家庭を大事にしたい。そうした願望をかなえるためにはしっかりと時間と行動を計画したいものです。
能率ダイアリータイムデザイナーは、仕事と生活を適度に配分する「ワーク・ライフバランス」を保って充実した生活を送っていただくために、佐々木かをりさんと共同で開発したノウハウがつまったダイアリーです。

使い方のヒント

週間

8時台から23時台まで
行動計画をたっぷり書き込めます。

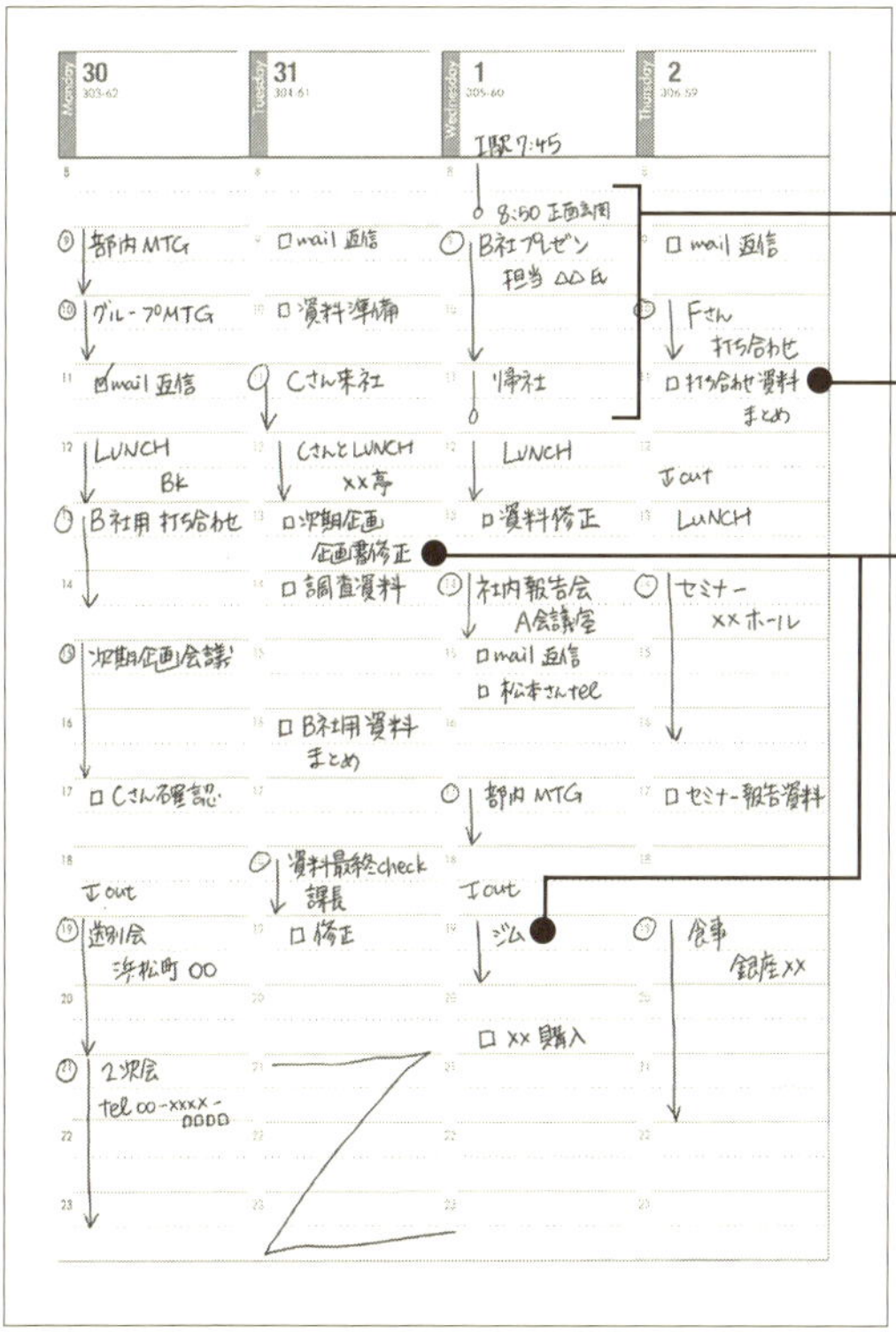

Hint 1
始まりから終わりまで、
時間を確保

Hint 2
時間内にチェックボックスで、
行動計画

Hint 3
自分との約束を
しっかり記入